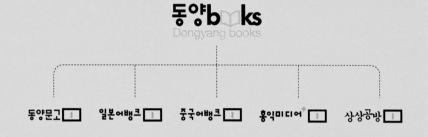

출판그룹 **동양b⚬⚬ks** (瞳養BOOKS)는 분야에 따라 다섯 가지
브랜드로 독자 여러분에게 다가가고 있습니다.

동양문고☐ (東洋文庫)는 독학용 어학서,

일본어뱅크☐ 와 **중국어뱅크**☐ 는 일본어 · 중국어 강의용 교재,

홍익미디어☐ 는 영어 강의용 교재,

상상공방☐ 은 일반 단행본(실용서, 경제경영, 소설, 에세이,
만화)을 출간하고 있습니다.

동양북스의 '동양(瞳 눈동자 동 養 기를 양)'은 '안목을 기른다'는 뜻으로
'책을 읽고 세상을 보는 안목을 기른다'는 이념을 담고 있습니다.

동양문고 · 상상공방 www.dongyangbooks.com
일본어뱅크 · 중국어뱅크 www.nihongobank.co.kr
홍익미디어플러스 www.hongikmediaplus.co.kr
동양TV(동영상강좌) www.dongyangTV.com

동양b👀ks

www.dongyangbooks.com

일본어뱅크

스마트 일본어

LEVEL 4

문선희 · 나카야마 다츠나리 · 성해준 지음

일본어뱅크
스마트 일본어 LEVEL 4

초판 인쇄 | 2010년 8월 31일
초판 발행 | 2010년 9월 5일

저자 | 문선희, 나카야마 다츠나리, 성해준
발행인 | 김태웅
편집장 | 김연한
책임편집 | 권기은
디자인 | 안성민, 차경숙
일러스트 | 우나연
마케팅 | 권혁주, 나재승, 정상석, 서재욱, 장영임, 김귀찬, 이용재, 김지원
제작 | 현대순

발행처 | 일본어뱅크 · 중국어뱅크
등록 | 제 300-2006-109호
주소 | 서울시 마포구 서교동 463-16호 (121-841)
전화 | (02)325-1025
팩스 | (02)334-6624
웹사이트 | http://www.nihongobank.co.kr
            http://www.dongyangbooks.com

ISBN 978-89-7665-370-3 04730
       978-89-7665-330-7 04730(전4권)

머리말

이 책을 펴내면서 학생들 앞에서 수업에 임했던 제 모습과 사랑하는 가족, 그리고 제 강의의 열정과 에너지의 원천이 되어 주는 사랑하는 학생들 얼굴이 머릿속에 스쳐 갑니다.

일본어를 가르치면서 느끼는 것은 일본어는 정말 매력 있는 언어라는 사실입니다. 모국어가 아닌 다른 나라의 언어를 배운다는 것은 쉬운 일이 아닙니다. 이 책을 펴낸 저 역시 일본어는 평생 공부해야 하는 언어라고 생각합니다. 점점 배워 갈수록 어려워지기는 하지만 얼마나 흥미를 갖고 빠져드느냐에 따라 실력 향상과 목표 달성의 여부가 결정된다고 생각합니다.

이 교재는 실제 제가 일본어를 가르치는 현장에서 쌓은 경험을 바탕으로 학생들이 쉽게 이해하는 부분과 어려워하는 부분들을 자세히 분석하고 연구하였기 때문에 기존의 책들과는 다른 특징들을 갖고 있습니다.

첫째 [독해·작문] 파트 중 [읽어봅시다!] 부분은 원칙적으로 띄어쓰기 없는 일본어 문장을 보고 자연스럽게 읽고 해석할 수 있는 능력을 향상시킬 수 있도록 하였습니다. [작문] 부분에서는 수업 중 따라하고 읽기는 하지만 직접 쓰는 것까지 체크하기에는 시간이 부족했던 점을 고려하여 각 과의 포인트 문장을 쓰고 말할 수 있도록 구성하였습니다.

둘째 [한자 연습] 파트 중 [한자 즐기기] 부분에서는 학생들이 가장 어려워하는 한자를 재미있게 활용하여 한자에 대한 부담을 줄이고, 기본이 되는 한자에 다른 한자를 붙여 학생들의 한자 지식을 넓힐 수 있도록 하였습니다. 또, [써봅시다] 부분에는 직접 책에 한자를 써볼 수 있게 하였습니다.

셋째 [회화 플러스] 파트에서는 본문 이외의 회화 표현들을 중심으로 다뤘으며, 주요 회화 내용과 최신 어휘를 추가하여 일본어를 자연스럽게 받아들일 수 있도록 하였습니다.

아무쪼록 이 책을 학습하는 여러분께 좋은 효과와 발전이 있기를 바라고 목표를 꼭 이루시기를 바랍니다. 그리고 교재를 위해 많은 도움을 주신 여러분들께 감사 드리고, 이제까지 일본어를 통해 만나 열정을 갖게 해 준 우리 학생들에게 감사의 마음으로 이 교재를 바치고 싶습니다.

저자 일동

차 례

CONTENTS

이 책의 학습법

이번 과의 포인트

각 과의 주제와 관련된 내용을 회화 형식으로 표현했습니다. 학습에 들어가기 전에 각 과에서 다루게 될 주요 내용과 포인트 문법을 미리 익히도록 합시다.

기본 회화

실생활에서 유용하게 쓰이는 문법과 주요 표현들을 단어 설명과 함께 실었습니다. 내용을 듣고 억양과 발음에 주의해서 반복 학습하면 좋은 효과를 얻을 수 있습니다.

田中 木村さんの 彼女の こと 聞きましたか。

弟子 いいえ、どんな 話ですか。

田中 毎週 土曜日に 病院で ボランティアを して いるそうです。
患者たちの 服の 洗濯とか トイレの 掃除とか。

弟子 へぇー、まるで 天使の ようですね。いつから して いるんですか。

田中 一年以上 ずっと 続けて いるらしいですよ。

弟子 えらいですね。

田中 それに 女らしくて きれいで、ナイチンゲールの ような 人に なりたいそうです。

木村さんが うらやましいですね～。

문법 포인트

01 ようだ (～ようだ・～ような＋N・～ように)

	ようだ	みたいだ(회화체)
명사(N)	N＋の＋ようだ	N＋みたいだ
い 형용사	～い＋ようだ	～い＋みたいだ
な 형용사	だ→な＋ようだ	だ＋みたいだ
동사(V)	기본체＋ようだ	기본체＋みたいだ

① 비유 (마치 ～와 같다)

■ まるで 夢のようです。(= 夢みたいです)

これは まるで 本物のようです。(= 本物みたいです)

(불확실한 정보(감각)・근거에 의한 주관적)

각 과에서 다루는 포인트 문법으로 문법에 관한 예문들을 다양하게 실었습니다. 우리말 해설이 없으므로 아래의 [낱말과 표현]을 참고하면서 공부하세요.

패턴 연습

포인트 문법에서 다룬 내용을 응용해보는 페이지입니다. 다양한 단어와 화제를 바탕으로 문형을 연습하도록 합시다.

1 보기
キムさんは 論文を 書きます。
→ 書くらしいです。

1 木村さんは もう いません。
→

2 青木さんは 今度の ピクニックには 行きません。
→

독해 · 작문

원래 일본어는 띄어쓰기가 없습니다. 다른 페이지는 학습편의상 띄어쓰기가 되어있지만, [읽어봅시다]에서는 띄어쓰기 없는 문장을 연습하여 실력을 높일 수 있도록 하였습니다. 작문은 각 과를 배우고 난 후 주요 문법을 최종적으로 점검하는 페이지입니다. 우리말을 보고 일본어 문장으로 바꿔보세요.

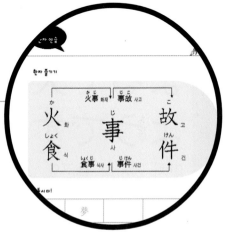

한자 연습

한자를 단어 그대로 외우기보다는 한자 하나를 가지고 몇 개의 단어를 만들 수 있다는 것을 보여주어 응용력을 높여줍니다. 또, 중요 한자를 직접 써볼 수 있게 하였습니다.

듣기 연습

너무 복잡하지 않으면서, 본문과 문법 포인트에서 다루는 내용을 중심으로 구성된 듣기 연습 문제입니다.

회화 플러스

본문에서 다루는 회화 표현 이외의 응용회화로 기초 단계에서 회화의 자신감을 키워줍니다.

01

まるで天使の
ようですね。

마치 천사와 같군요.

 이번 과의 포인트

□ 木村さんの 妹さんは どんな タイプですか。

기무라 씨의 여동생은 어떤 타입입니까?

→ 女らしくて かわいいです。

まるで 人形のようです。

여성스럽고 귀엽습니다. 마치 인형 같습니다.

□ 週末の 天気は どうでしょうか。

주말의 날씨는 어떨까요?

→ 雨が 降るらしいです。 비가 올 것 같아요.

田中　木村さんの 彼女の こと 聞きましたか。

恭子　いいえ、どんな 話ですか。

田中　毎週 土曜日に 病院で ボランティアを して いるそうです。
　　　患者たちの 服の 洗濯とか トイレの 掃除とか。

恭子　へぇー、まるで 天使の ようですね。いつから して いるんですか。

田中　一年以上 ずっと 続けて いるらしいですよ。

恭子　えらいですね。

田中　それに 女らしくて きれいで、ナイチンゲールの ような 人に
　　　なりたいそうです。

恭子　木村さんが うらやましいですね～。

➕ 낱말과 표현

ボランティア 봉사활동, 자원봉사　患者(かんじゃ)たち 환자들　服(ふく) 옷　洗濯(せんたく) 세탁, 빨래
～とか ～라든가　まるで 마치　天使(てんし) 천사　ずっと 계속, 쭉, 훨씬　続(つづ)ける 계속하다,
지속하다　えらい 훌륭하다　女(おんな)らしい 여성스럽다　ナイチンゲールのような 人(ひと)
나이팅게일 같은 사람　명사＋に なりたい ～이 되고 싶다　うらやましい 부럽다

01 ようだ (～ようだ・～ような ＋ N・～ように)

	ようだ	みたいだ(회화체)
명사(N)	N ＋ の ＋ ようだ	N ＋ みたいだ
い 형용사	～い ＋ ようだ	～い ＋ みたいだ
な 형용사	だ → な ＋ ようだ	だ ＋ みたいだ
동사(V)	기본체 ＋ ようだ	기본체 ＋ みたいだ

① 비유 (마치 ～와 같다)

예 まるで 夢のようです。(= 夢みたいです)

これは まるで 本物のようです。(= 本物みたいです)

② 추측 (불확실한 정보(감각)·근거에 의한 주관적인 추측)

예 明日は 雪が 降るようです。(= 降るみたいです)

佐藤さんは あまり 勉強しないようです。

✚ 낱말과 표현

まるで 마치　夢(ゆめ) 꿈　本物(ほんもの) 진품, 진짜　雪(ゆき) 눈　勉強(べんきょう) 공부

02 らしい (～らしい・～らしく・～らしくて)

	らしい
명사(N)	N＋らしい
い 형용사	～い＋らしい
な 형용사	だ＋らしい
동사(V)	기본체＋らしい

① 추측(불확실한 전문에 의한 추측)

　예　あの 歌手は かなり 有名らしいです。

　　　山田さんは 今日 調子が 悪いらしいです。

② ～답다

　예　キムさんは 男らしい。

　　　妹は 女らしく ない タイプです。

✚ **낱말과 표현**

歌手(かしゅ) 가수　　かなり 꽤, 제법　　今日(きょう) 오늘　　調子(ちょうし)が 悪(わる)い 컨디션이 나쁘다

男(おとこ) 남자　　妹(いもうと) 여동생　　女(おんな) 여자　　タイプ 타입

03 명사 + の + ようだ (마치) ~와 같다

예 この 方が お母さんですか。まるで お姉さんの ようですね。

(= お姉さんみたいですね)

今日の かっこうは まるで 学生の ようですね。

04 ～みたいだ (=～ようだ) ~인 것 같다 (추측)

예 佐藤さんは キムさんに 気が あるみたいです。

(= 気が あるようです)

どうも 風邪を 引いたみたいです。(= 引いたようです)

山田さんは 魚が あまり 好きじゃないみたいです。

(= 好きじゃないようです)

田中さんは 恭子さんが 好きみたいですね。

05 ～らしい (추측) ~인 것 같다

예 田中さんは バスで 来るらしいですが。

弟は 彼女が いるらしいです。

来週から 寒く なるらしいです。

06 명사 + らしい ~답다

예 私は 男らしくて まじめな 人が 好きです。

ムンさんは 女らしい タイプです。

それは 学生らしく ない 行動です。

07 ～とか ~라든가, ~이나

예 好きな 果物は りんごとか なしとか いろいろ あります。

子供たちの プレゼントには おもちゃとか 人形とか お菓子な

どが いいですね。

私は サッカーとか バスケットボールとか 激しい スポーツが

好きです。

✚ 낱말과 표현

お母(かあ)さん 어머니　まるで 마치　お姉(ねえ)さん 언니　かっこう 옷차림

気(き)が ある 마음이 있다　どうも 아무래도　風邪(かぜ)を 引(ひ)く 감기 걸리다　魚(さかな) 생선

弟(おとうと) 남동생　彼女(かのじょ) 여자친구　来週(らいしゅう) 다음주　寒(さむ)く なる 추워지다

まじめだ 성실하다　タイプ 타입　行動(こうどう) 행동　果物(くだもの) 과일　りんご 사과　なし 배

いろいろ 여러 가지　子供(こども) 아이　プレゼント 선물　おもちゃ 장난감　人形(にんぎょう) 인형

お菓子(かし) 과자　サッカー 축구　バスケットボール 농구　激(はげ)しい 심하다, 격하다

スポーツ 스포츠

	そうだ （전문）	そうだ （추측）	ようだ	みたいだ （ようだ회화체）	らしい
명 사(N)	N+だ +そうだ	✕	N +の+よう	N +みたいだ	N +らしい
い 형용사	～い +そうだ	~~い~~ そうだ	～い +ようだ	～い +みたいだ	～い +らしい
な 형용사	～だ +そうだ	~~だ~~ そうだ	だ → な +ようだ	~~だ~~ +みたいだ	~~だ~~ +らしい
동 사(V)	기본체 +そうだ	ます형 +そうだ	기본체 +ようだ	기본체 +みたいだ	기본체 +らしい

1 보기

キムさんは 論文を 書きます。

→ 書くらしいです。

1

木村さんは もう いません。

→ _____ 。

2

青木さんは 今度の ピクニックには 行きません。

→ _____ 。

3

手術の 後は とても 痛いです。

→ _____ 。

4

祭りは たいへん にぎやかです。

→ _____ 。

✚ 낱말과 표현

┌───┐
論文(ろんぶん) 논문   今度(こんど) 이번   ピクニック 피크닉, 소풍   手術(しゅじゅつ) 수술

後(あと) 후, 나중   痛(いた)い 아프다   祭(まつ)り 축제   たいへん 매우   にぎやかだ 번화하다
└───┘

2

보기

<ruby>雨<rt>あめ</rt></ruby>が <u><ruby>降<rt>ふ</rt></ruby>る</u>。

→ <ruby>雨<rt>あめ</rt></ruby>が <u>降るようです</u>。

① あの ホテルは <u><ruby>静<rt>しず</rt></ruby>かだ</u>。

→ あの ホテルは ＿＿＿＿＿＿＿＿＿。

② <ruby>里美<rt>さと み</rt></ruby>さんは <ruby>料理<rt>りょう り</rt></ruby>が <u><ruby>上手<rt>じょう ず</rt></ruby>だ</u>。

→ <ruby>里美<rt>さと み</rt></ruby>さんは <ruby>料理<rt>りょう り</rt></ruby>が ＿＿＿＿＿＿＿。

③ <ruby>事故<rt>じ こ</rt></ruby>が <u>あった</u>。

→ <ruby>事故<rt>じ こ</rt></ruby>が ＿＿＿＿＿＿＿＿＿＿＿＿。

④ <ruby>韓国<rt>かんこく</rt></ruby>より <ruby>日本<rt>に ほん</rt></ruby>の <ruby>物価<rt>ぶっ か</rt></ruby>の <ruby>方<rt>ほう</rt></ruby>が <u><ruby>高<rt>たか</rt></ruby>い</u>。

→ <ruby>韓国<rt>かんこく</rt></ruby>より <ruby>日本<rt>に ほん</rt></ruby>の <ruby>物価<rt>ぶっ か</rt></ruby>の <ruby>方<rt>ほう</rt></ruby>が

＿＿＿＿＿＿＿＿＿＿＿＿＿＿。

➕ 낱말과 표현

ホテル 호텔　料理(りょうり) 요리　上手(じょうず)だ 잘한다　事故(じこ)が ある 사고가 나다
韓国(かんこく) 한국　物価(ぶっか) 물가　～方(ほう) ~쪽, ~편

읽어봅시다!

恵美(めぐみ)ちゃんは私(わたし)と同(おな)い年(どし)なのに、行動(こうどう)とか話(はな)し方(かた)を見(み)ると、まるでお姉(ねえ)さんのようだ。彼女(かのじょ)は女(おんな)らしくて親切(しんせつ)だから、男(おとこ)の子(こ)たちに人気(にんき)がたくさんあるようだ。明日(あした)は休(やす)みなので、学校(がっこう)へ行(い)かなくてもいい。

だから、恵美(めぐみ)ちゃんの家(いえ)に遊(あそ)びに行(い)こうと思(おも)う。

一緒(いっしょ)にビデオを見(み)たり、コーヒーを飲(の)みながら話(はな)したりしようと思(おも)う。

✚ 낱말과 표현

~ちゃん ~さん보다 친근한 호칭   同(おな)い年(どし) 동갑   行動(こうどう) 행동   ~とか ~라든가

話(はな)し方(かた) 말투, 말하는 법   まるで 마치   女(おんな)らしい 여성스럽다

男(おとこ)の子(こ)たち 남자들   人気(にんき) 인기   ~ 명사 + なので ~이기 때문에

だから 그래서   遊(あそ)ぶ 놀다   ~たり ~たり する ~하기도 ~하기도 하다   ます형 + ながら ~하면서

일본어로 써봅시다!

1. 마치 꿈과 같습니다.

2. 저 학생에게는 좀 어려운 것 같습니다. (~ようだ)

3. 내일부터 비가 올 것 같습니다. (~らしい)

4. 저는 남자다운 타입을 좋아합니다.

정답 1. まるで夢(ゆめ)のようです。(= 夢(ゆめ)みたいです)。
2. あの学生(がくせい)にはちょっと難(むずか)しいようです。
3. 明日(あした)から雨(あめ)が降(ふ)るらしいです。
4. 私(わたし)は男(おとこ)らしいタイプが好(す)きです。

한자 즐기기

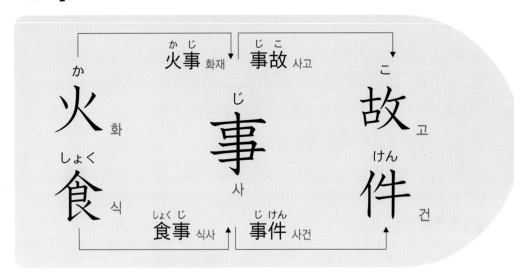

써봅시다!

ゆめ **夢** 꿈	夢		
にん ぎょう **人形** 인형	人形		
こ ども **子供** 아이	子供		
せん たく **洗濯** 세탁	洗濯		
か ぜ **風邪** 감기	風邪		
ちょう し **調子** 상태	調子		

A. 다음 내용을 듣고 다나카 씨의 가족 사진을 ❶ ❷ ❸ ❹ 중에서 고르세요.

❶

❷

❸

❹

정답 (   )

B. 내용을 듣고 그림과 일치하면 ◯, 일치하지 않으면 ✕를 넣으세요.

❶ (   )

❷ (   )

❸ (   )

❹ (   )

01 どうして 日本語を 習って いるんですか。
왜 일본어를 배웁니까?

例 A : どうして 日本語を 習って いるんですか。 왜 일본어를 배웁니까?

B : 日本に 留学したいからです。 일본에 유학가고 싶기 때문입니다.

| 아래 낱말을 써서 빨간색 부분과 바꿔서 말해보세요. |

仕事(しごと)で 必要(ひつよう)だからです。 일에 필요하기 때문입니다.

日本(にほん)の ドラマが 好(す)きなので 勉強(べんきょう)して います。
일본 드라마를 좋아해서 공부합니다.

日本の 歌(うた)が 大好(だいす)きなので 習(なら)って います。
일본 노래를 너무 좋아해서 배웁니다.

02 大学を 卒業してから 何を しますか。
대학을 졸업하고 나서 무엇을 합니까?

例 A : 大学を 卒業してから 何を しますか。 대학을 졸업하고 나서 무엇을 합니까?

B : 日本へ 行って 写真の 勉強を しようと 思います。
일본에 가서 사진 공부를 할 예정입니다.

| 아래 낱말을 써서 빨간색 부분과 바꿔서 말해보세요. |

彼女(かのじょ)と 結婚(けっこん)する 여자친구와 결혼하다

いい 会社(かいしゃ)に 入(はい)る 좋은 회사에 들어가다

大学院(だいがくいん)に 入る 대학원에 들어가다

アメリカに 留学(りゅうがく)する 미국에 유학 가다

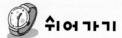

일기예보

晴(は)れ 맑음

曇(くも)り 흐림

風(かぜ)が 強(つよ)い 바람이 세다

暖(あたた)かい 따뜻하다

暑(あつ)い 덥다

涼(すず)しい 시원하다

寒(さむ)い 춥다

雨(あめ)が 降(ふ)る 비가 내리다

雪(ゆき)が 降(ふ)る 눈이 내리다

02

ここから
どうやって
行けば いいですか。

여기서 어떻게 가면 됩니까?

☐ あの、すみません。デパートは どこですか。

저, 실례합니다. 백화점은 어디입니까?

→ この 道を まっすぐ 行くと すぐ あります。

이 길을 똑바로 걸으면 바로 있습니다.

☐ スーパーへ 行きたいんですが、どうやって
行けば いいですか。

슈퍼마켓에 가고 싶은데, 어떻게 가면 됩니까?

→ あの 本屋を すぎて 右に 曲がって ください。

저 서점을 지나서 오른쪽으로 도세요.

キム　あの、すみません。この 近(ちか)くに ダイスキホテルは ありますか。

清水　はい、ダイスキホテルなら この 近(ちか)くに ありますよ。

キム　ここから どうやって 行(い)けば いいですか。

清水　この 道(みち)を まっすぐ 行(い)くと 交差点(こうさてん)に 出(で)ます。

　　　そこを 右(みぎ)に 曲(ま)がると 左側(ひだりがわ)に あります。

キム　はい?

清水　あそこの 交番(こうばん)、見(み)えますか。

キム　はい、見(み)えます。

清水　もし わからなかったら あの 交番に 行(い)って 聞(き)いて みて ください。

キム　ありがとうございました。

清水　いいえ、どういたしまして。

➕ 낱말과 표현

近(ちか)く 근처　　ホテル 호텔　　～なら ~라면　　どうやって 어떻게, 어떻게 해서
道(みち) 길　　まっすぐ 行(い)くと 똑바로 가면　　交差点(こうさてん)に 出(で)る 사거리가 나오다
右(みぎ)に 曲(ま)がる 오른쪽으로 돌다　　左側(ひだりがわ) 왼쪽　　交番(こうばん) 파출소
見(み)える 보이다　　もし 만약, 혹시　　聞(き)いて みる 물어 보다

01 가정형 Ⅰ

い 형용사	い → ければ	예 安<ruby>安<rt>やす</rt></ruby>い → 安ければ
な 형용사	だ → ならば	まじめだ → まじめならば
1그룹 동사 (5단동사)	u단 → e단 ＋ ば	<ruby>会<rt>あ</rt></ruby>う → 会えば <ruby>持<rt>も</rt></ruby>つ → 持てば ★ <ruby>帰<rt>かえ</rt></ruby>る → 帰れば
2그룹 동사 (상1단동사 하1단동사)	る ＋ れば	<ruby>見<rt>み</rt></ruby>る → 見れば <ruby>食<rt>た</rt></ruby>べる → 食べれば <ruby>教<rt>おし</rt></ruby>える → 教えれば
3그룹 동사 (カ행변격동사 サ행변격동사)	<ruby>来<rt>く</rt></ruby>る → くれば する → すれば	<ruby>来<rt>く</rt></ruby>る → くれば <ruby>運動<rt>うんどう</rt></ruby>する → 運動すれば

＊ ～ば ～ほど ～하면 ～할수록

い 형용사 : い 떼고 ければ ＋ ～いほど

　　　　　예 <ruby>背<rt>せ</rt></ruby>が <ruby>高<rt>たか</rt></ruby>ければ 高いほど 키가 크면 클수록

な 형용사 : だ 떼고 ならば ＋ ～なほど

　　　　　예 <ruby>便利<rt>べんり</rt></ruby>ならば 便利なほど 편리하면 편리할수록

동　　　사 : e단 ＋ ば ＋ 동사 원형 ほど

　　　　　예 <ruby>読<rt>よ</rt></ruby>めば 読むほど 읽으면 읽을수록

※ 동사 가정형 활용 연습(해답 29쪽)

의미	동사	가정형	의미	동사	가정형
사다	買う		기다리다	待つ	
쓰다	書く		이야기하다	話す	
읽다	読む		나가다	出る	
보다	見る		하다	する	
놀다	遊ぶ		되다	なる	
걷다	歩く		죽다	死ぬ	
쉬다	休む		찍다	撮る	
먹다	食べる		가르치다	教える	
헤엄치다	泳ぐ		오다	来る	
가다	行く		부르다	呼ぶ	
일하다	働く		마시다	飲む	
자다	寝る		듣다	聞く	
일어나다	起きる		만들다	作る	
만나다	会う		돌아오다(가다)	帰る	
타다	乗る		걸다	かける	
피우다, 빨다	吸う		씻다	洗う	

02 가정형 II [と・ば・たら・なら]

と	원형접속	예 この 道を まっすぐ 行くと 公園が 見えます。 冬に なると 寒く なります。 1に 2を 足すと 3に なります。
ば	い형용사：い → ければ な형용사：だ → ならば 동사：u단 → e단 ＋ ば	예 残業が なければ いいですけど。 人は 親切ならば 親切なほど いいです。 この 本は 読めば 読むほど 悲しいですね。
たら	명사：N ＋ だったら い형용사：い → かったら な형용사：だ → だったら	예 私だったら そんな 行動なんか しません。 明日 雨が 降ったら 家で ゆっくり 休みたいです。 ★ 電話してみたら イさんは 寝ていました。 「〜했더니」
なら	명 사：N ＋ なら い형용사：원형 접속 な형용사：だ → なら 동 사：원형 접속	예 スポーツなら 田中さんです。 頭が 痛いなら この 薬を 飲んだ 方が いいですよ。 交通が 不便なら この マンションは 借りません。

03 〜ば (가정조건, 일반적인 법칙, 속담)

예 郵便局へ 行きたいんですが、ここから どうやって 行けば いいですか。

値段が 高ければ 買いません。

天気が よければ 行きます。

* ～ば ～ほど　～하면 ～할수록

[い形容詞] 예 友達は 多ければ 多いほど いいじゃないですか。

[な形容詞] 예 果物は 新鮮ならば 新鮮なほど いいです。

[動詞]　　 예 この 靴、見れば 見るほど ほしく なります。

　　　　　　日本語は 勉強すれば するほど おもしろいですね。

04　～と (당연한 원리·법칙·자연현상·길안내)

예 この 道を 左に 曲がると 右側に 本屋が あります。

お酒を 飲みすぎると 酔っぱらいます。

A : 3に 5を 足すと いくつに なりますか。

B : 8に なります。

✚ 낱말과 표현

道(みち) 길　まっすぐ 똑바로　悲(かな)しい 슬프다　残業(ざんぎょう) 잔업, 야근
～ほど ～할수록, ～정도　行動(こうどう) 행동　～なんか ～같은 거, ～따위　ゆっくり 休(やす)む 푹 쉬다
交通(こうつう) 교통　不便(ふべん)だ 불편하다　マンション 맨션　借(か)りる 빌리다
頭(あたま)が 痛(いた)い 머리가 아프다　薬(くすり)を 飲(の)む 약을 먹다
郵便局(ゆうびんきょく) 우체국　値段(ねだん) 가격, 값　～じゃ ないですか ～이지 않습니까?
果物(くだもの) 과일　新鮮(しんせん)だ 신선하다　靴(くつ) 구두
左(ひだり)に 曲(ま)がる 왼쪽으로 돌다　右側(みぎがわ) 오른쪽　飲(の)みすぎる 과음하다
酔(よ)っぱらう 취하다　足(た)す 더하다　いくつ 몇 개, 몇

05 〜たら (확정조건 + 의지, 희망, 명령, 의뢰형) 〜(하)다면

예 値段が 安かったら 買って 来ます。

日本に 行ったら 日本の 歌手の コンサートへ 行って 来よう
と 思います。

もし 田中さんに 会えなかったら 私に 連絡して ください。

06 見える 보이다

예 ここから 山が 見えますね。

この 道を 少し 歩くと 病院が 見えます。

本当に 40歳ですか、若く 見えますね。

➕ **낱말과 표현**

歌手(かしゅ) 가수　コンサート 콘서트　もし 만약　連絡(れんらく) 연락　すこし 조금, 약간
歩(ある)く 걷다　病院(びょういん) 병원　本当(ほんとう)に 정말로
若(わか)く 見(み)える 젊어 보이다, 어려 보이다 (若(わか)い 젊다, 어리다)

28

※ 동사 가정형 활용 연습 해답

의미	동사	가정형	의미	동사	가정형
사다	買う	買えば	기다리다	待つ	待てば
쓰다	書く	書けば	이야기하다	話す	話せば
읽다	読む	読めば	나가다	出る	出れば
보다	見る	見れば	하다	する	すれば
놀다	遊ぶ	遊べば	되다	なる	なれば
걷다	歩く	歩けば	죽다	死ぬ	死ねば
쉬다	休む	休めば	찍다	撮る	撮れば
먹다	食べる	食べれば	가르치다	教える	教えれば
헤엄치다	泳ぐ	泳げば	오다	来る	来れば
가다	行く	行けば	부르다	呼ぶ	呼べば
일하다	働く	働けば	마시다	飲む	飲めば
자다	寝る	寝れば	듣다	聞く	聞けば
일어나다	起きる	起きれば	만들다	作る	作れば
만나다	会う	会えば	돌아오다(가다)	帰る	帰れば
타다	乗る	乗れば	걸다	かける	かければ
피우다, 빨다	吸う	吸えば	씻다	洗う	洗えば

1

보기

便利だ

→ 交通は <u>便利ならば 便利なほど</u> いいです。

① きれいだ

→ モデルは ＿＿＿＿＿＿＿＿＿＿

いいです。

② かわいい

→ ワンピースは＿＿＿＿＿＿＿＿＿

いいです。

③ 読む

→ この 小説は ＿＿＿＿＿＿＿＿

おもしろく なります。

④ 会う

→ 田中さんは ＿＿＿＿＿＿＿＿＿

好きに なります。

➕ 낱말과 표현

交通(こうつう) 교통　便利(べんり)だ 편리하다　モデル 모델　ワンピース 원피스

小説(しょうせつ) 소설　おもしろい 재미있다

30

2 **보기** ( ) 안에 と・ば・たら・なら 중 하나를 넣으세요.

時間(じかん)が あれ(ば) 演劇(えんげき)を 見(み)ます。

1

いくら 安(やす)くても 悪(わる)い 製品(せいひん)(　　　　) 買(か)いません。

2

4(よん)に 8(はち)を 足(た)す(　　　　) 12(じゅうに)に なります。

3

もし 金持(かねも)ちに なっ(　　　　) まず すてきな 車(くるま)が
買(か)いたいです。

4

ベッドは 楽(らく)なら(　　　　) 楽(らく)なほど いいです。

5

この デザインが きらいだっ(　　　　) 替(か)えても
いいです。

➕ **낱말과 표현**

演劇(えんげき) 연극　いくら ～ても 아무리 ~해도　製品(せいひん) 제품　もし 만약
金持(かねも)ち 부자　まず 우선, 먼저　すてきだ 멋지다　楽(らく)だ 편안하다　替(か)える 바꾸다

읽어봅시다!

高橋(たかはし)さんは私(わたし)の大学時代(だいがくじだい)の友達(ともだち)です。

性格(せいかく)も優(やさ)しいし、まじめだし、私は高橋さんが大好(だいす)きです。

彼(かれ)に会(あ)えば会うほど好(す)きになります。高橋さんは私の家(うち)の近(ちか)くに住(す)んでいて、私の家から歩(ある)いて5分(ごふん)ぐらいしかかかりません。

私の家のすぐ前(まえ)に本屋(ほんや)がありますが、本屋をすぎて少(すこ)し歩(ある)くと右側(みぎがわ)にスーパーが あります。そのスーパーを右(みぎ)に曲(ま)がると左側(ひだりがわ)に高橋さんの家(いえ)があります。

➕ 낱말과 표현

大学時代(だいがくじだい) 대학 시절　性格(せいかく) 성격　優(やさ)しい 자상하다, 상냥하다　まじめだ 성실하나　大好(だいす)きだ 아주 좋아하다　会(あ)えば 会(あ)うほど 만나면 만날수록　好(す)きに なる 좋아지다　すぐ 前(まえ) 바로 앞　過(す)ぎる 지나치다　右(みぎ) 오른쪽　左側(ひだりがわ) 왼쪽

일본어로 써봅시다!

1. 이 길을 똑바로 가면 백화점이 보입니다.

2. 내일 비가 온다면 놀러가지 않겠습니다.

3. 편의점(コンビニ)이라면 저기에 있습니다만.

4. 보면 누군지 압니다.

한자 연습

한자 즐기기

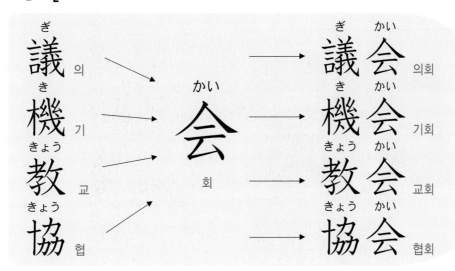

議 ぎ 의				
機 き 기	→	会 かい 회		
教 きょう 교				
協 きょう 협				

議 ぎ 会 かい 의회
機 き 会 かい 기회
教 きょう 会 かい 교회
協 きょう 会 かい 협회

써봅시다!

道 みち 길	道			
交番 こう ばん 파출소	交番			
連絡 れん らく 연락	連絡			
性格 せい かく 성격	性格			
果物 くだ もの 과일	果物			
郵便局 ゆう びん きょく 우체국	郵便局			

A. 여자가 남자에게 학교가 어디에 있는지 묻고 있습니다. 학교는 어디에 있습니까?
   A B C D 중에서 고르세요.

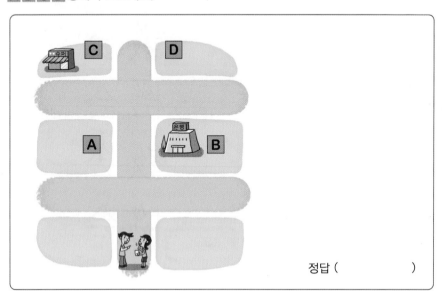

정답 (   )

B. 내용을 듣고 그림과 일치하면 O, 일치하지 않으면 ×를 넣으세요.

1 (   )   2 (   )

3 (   )   4 (   )

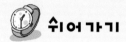
지하철 매표기 이용법(券売機の使い方)

※ 여러 노선이 교차하는 역은 노선에 따라 매표기가 따로따로 자리잡고 있기 때문에, 지하철 표를 살 경우는 본인이 타려는 지하철 입구 앞의 매표기를 이용하는 것이 안전합니다.

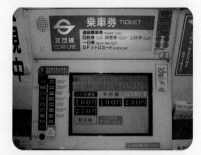

터치 스크린 방식의 매표기

① 현재 내가 있는 곳과 도착점을 노선도에서 확인하고 가격을 봅시다. (보통 매표소나 매표기 위에 가격이 붙은 노선도가 있습니다.)

② 확인한 금액을 기계에 넣습니다.

③ 스크린에 [160円, 190円, 230円, 270円] 등으로 살 수 있는 금액의 표가 표시됩니다.

④ 버튼을 누르면 바로 표가 나옵니다. 일행이 있을 경우는, 왼쪽에 사람 숫자가 그림으로 그려진 버튼 중에서 인원수에 해당하는 그림을 누른 다음, 해당하는 금액을 누르면 됩니다.

지하철 표

개찰구 통과

구입한 표로 아래처럼 개찰구를 통과합니다. 개찰구 모양만 조금 다를 뿐, 우리나라와 큰 차이는 없습니다.

개찰구 앞으로 가서……

투입구(投入口)에 표를 넣습니다.

표를 받아 지하철을 타러 갑니다.

03

ペンを 貸して くれませんか。

펜을 빌려 주지 않겠습니까?

 이번 과의 포인트

☐ この かばん、とても かわいいですね。

이 가방, 참 귀엽네요.

→ かわいいでしょう？青木さんに もらいました。

귀엽죠? 아오키 씨한테 받았어요.

☐ この スカーフも 青木さんが 買って くれましたか。

이 스카프도 아오키 씨가 사 주었습니까?

→ いいえ、それは 木村さんに 買って もらい
ました。

아뇨, 그것은 기무라 씨가 사 주었습니다.

キム　すみません、何か 書くものを 貸して くれませんか。

清水　ええ、どうぞ。

キム　この 書類を 明日までに 教務課に 提出しなければ

　　　ならないんです。でも、漢字が よく わからないので、

　　　困ります。手伝って もらえませんか。

清水　ええ、私が 手伝って あげましょう。

キム　助かります。これは 何て 書いて ありますか。

清水　これは「現住所」で、今 住んでいる 所 という 意味です。

➕ 낱말과 표현

書(か)くもの 쓸것　　貸(か)す 빌려 주다　　書類(しょるい) 서류　　教務課(きょうむか) 교무과
提出(ていしゅつ) 제출　　困(こま)る 곤란하다　　手伝(てつだ)う 돕다, 거들다　　助(たす)かる 도움이 되다
何(なん)て 뭐라고　　〜て 書(か)いて ある ~라고 쓰여져 있다　　現住所(げんじゅうしょ) 현주소
所(ところ) 곳　　意味(いみ) 의미, 뜻

01 やり・もらい 表現

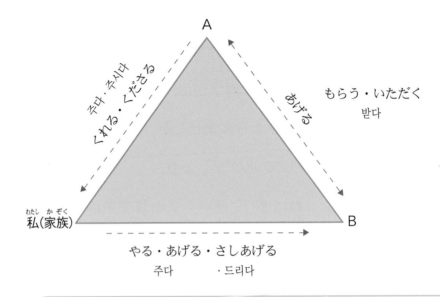

A ① 나(가족) → 상대방 (やる 주다・あげる 주다・さしあげる 드리다)

例 私は 妹に お菓子を やりました。

私は 友達に デジカメを あげました。

私は 先生に 花束を さしあげました。

② 상대방 → 나(가족) (くれる 주다・くださる 주시다)

例 友達は 私に コーヒーカップを くれました。

→ 私は 友達に コーヒーカップを もらいました。

吉田先生は 私に 辞書を くださいました。

→ 私は 吉田先生に 辞書を いただきました。

③ 제삼자 ↔ 제삼자 (あげる 주다・もらう 받다)

　　예 キムさんは アヤさんに 人形を あげました。

　　　→ アヤさんは キムさんに 人形を もらいました。

B　～て あげる(～て やる) ~해 주다

　예 私は 友達に 化粧品を 買って あげました。

　　私は 弟に 本を 読んで やりました。

C　～て くれる ~해 주다　～て くださる ~해 주시다

　　～て もらう(ていただく) ~해 받다

　예 パクさんは 私に 傘を 貸して くれました。

　　　→ 私は パクさんに 傘を 貸して もらいました。

　　　母は 私に スカートを 買って くれました。

　　　→ 私は 母に スカートを 買って もらいました。

　　　吉田先生は 私に 日本語を 教えて くださいました。

　　　→ 私は 吉田先生に 日本語を 教えて いただきました。

➕ **낱말과 표현**

お菓子(かし) 과자　友達(ともだち) 친구　花束(はなたば) 꽃다발　コーヒーカップ 커피잔
辞書(じしょ) 사전　人形(にんぎょう) 인형　化粧品(けしょうひん) 화장품　傘(かさ) 우산
貸(か)す 빌려 주다　スカート 스커트, 치마　買(か)う 사다

02 ～て くれる (상대방이 나에게) ～해 주다

예 キムさんが 皿洗いを 手伝って くれました。

私に 日本語で 説明して くれませんか。

これは 木村さんが 買って くれた 時計です。

03 ～て もらう ～해 받다 (상대방이 나에게) ～해 주다

예 私は 青木さんに カメラを 買って もらいました。

私は 友達に 辞書を 貸して もらいました。

04 ～て あげる (내가 상대방에게) ～해 주다

예 私は 青木さんに 傘を 貸して あげました。

私は 後輩に 誕生日の プレゼントを 買って あげました。

✚ 낱말과 표현

皿洗(さらあら)い 설거지　手伝(てつだ)う 돕다, 도와주다　説明(せつめい) 설명
友達(ともだち) 친구　辞書(じしょ) 사전　貸(か)す 빌려 주다　後輩(こうはい) 후배
誕生日(たんじょうび) 생일　プレゼント 선물

05 | 자동사 · 타동사

が + 자동사 + ている (상태 1)	말하는 사람이 눈 앞의 상태를 단지 사실 그대로 표현하는 경우 또는 의도성이 없는 경우에 쓰인다. 예) 窓が 開いて います。창이 열려 있습니다.
が + 타동사 + てある (상태 2)	누군가가 무언가를 해 놓은(~ておく) 뒤의 상태에 비중을 두는 경우 또는 인위적인 행위의 결과나 의도성이 있는 경우에 쓰인다. 예) 窓が 開けて あります。 (제3의 작용에 의해) 창이 열려 있습니다.

ドアが 開いています。 문이 열려 있습니다 (상태 1)

ドアが 開けてあります。 (누군가에 의해) 문이 열려 있습니다 (상태 2)

ドアを 開けています。 문을 열고 있습니다 (현재진행)

예) 家の 前に 車が 止まって います。(상태 1)

家の 前に 車が 止めて あります。(상태 2)

財布に お金が 入って います。(상태 1)

財布に お金が 入れて あります。(상태 2)

✚ **낱말과 표현**

窓(まど) 창, 창문　　開(あ)く 열리다(자동사)　　ドア 문　　開(あ)ける 열다(타동사)　　財布(さいふ) 지갑
入(はい)る 들어오다, 들어가다　　入(い)れる 넣다

06 ～て ある ～해 있다, ～되어 있다

예 あそこに 店の 名前が 書いて ありますね。

車に オイルが 入れて あります。

部屋に 時計が かけて あります。

| 참고 | 대표적인 자동사 · 타동사

자동사	타동사	자동사	타동사
★ 開く 열리다	★ 開ける 열다	変わる 바뀌다	変える 바꾸다
★ 閉まる 닫히다	★ 閉める 닫다	上がる 올라가다	上げる 올리다
★ かかる 걸리다	★ かける 걸다	始まる 시작되다	始める 시작하다
★ 入る 들어가다	★ 入れる 넣다	伝わる 전해지다	伝える 전하다
★ つく 켜지다	★ つける 켜다	曲がる 굽다, 돌다	曲げる 굽히다
★ 集まる 모이다	★ 集める 모으다	出る 나오다	出す 내다
★ 並ぶ 진열되다	★ 並べる 진열하다	起きる 일어나다	起こす 깨우다
★ 終わる 끝나다	★ 終える 끝내다	落ちる 떨어지다	落とす 떨어뜨리다
★ 止まる 서다	★ 止める 세우다	消える 꺼지다	消す 끄다
★ 決まる 정해지다	★ 決める 정하다	沸く 끓다	沸かす 끓이다

07 ～までに ~까지

예 明日は 7時までに 来なければ なりません。

来週の 火曜日までに 本を 返さなければ なりません。

パーティーを 準備する 人たちは 2時までに 来て ください。

➕ 낱말과 표현

店(みせ) 가게　　名前(なまえ) 이름　　車(くるま) 차　　オイル 오일, 기름　　入(い)れる 넣다

部屋(へや) 방　　時計(とけい) 시계　　かける 걸다　　明日(あした) 내일　　来週(らいしゅう) 다음주

火曜日(かようび) 화요일　　本(ほん)を 返(かえ)す 책을 반납하다(돌려 주다)　　パーティー 파티

準備(じゅんび) 준비

1 보기

私 → 友達

→ 私は 友達に 日本語の 本を <u>あげました。</u>

1

キム → 私

→ キムさんは 私に 映画の チケットを _____。

2

田中さん → 田村さん

→ 田中さんは 田村さんに プレゼントを

_____。

3

私 → 社長

→ 私は 社長に 会議の 報告書を _____。

4

先生 → 私

→ 先生は 私に 辞書を _____。

5

ワンさん → 妹

→ 妹は ワンさんに 花束を _____。

➕ 낱말과 표현

映画(えいが) 영화　チケット 티켓　プレゼント 선물　会議(かいぎ) 회의

報告書(ほうこくしょ) 보고서　辞書(じしょ) 사전　花束(はなたば) 꽃다발

2

友達（ともだち） → 私（わたし）

友達は 私に お金（かね）を 貸（か）して くれました。

→ 私は 友達に <u>お金を 貸して もらいました</u>。

1

妹（いもうと） → 私

妹は 部屋（へや）の 掃除（そうじ）を 手伝（てつだ）って くれました。

→ 私は 妹に ＿＿＿＿＿＿＿＿＿＿＿＿＿＿＿。

2

先輩（せんぱい） → 私

先輩は 私に 昔（むかし）の 写真（しゃしん）を 見（み）せて くれました。

→ 私は 先輩に ＿＿＿＿＿＿＿＿＿＿＿＿＿＿＿。

3

先生 → 私

先生は 私に 日本語（にほんご）を 教（おし）えて くださいました。

→ 私は 先生に ＿＿＿＿＿＿＿＿＿＿＿＿＿＿＿。

4

山田君（やまだくん） → 彼女（かのじょ）

山田君は 彼女に 歌（うた）を 歌（うた）って あげました。

→ 彼女は 山田君に ＿＿＿＿＿＿＿＿＿＿＿＿＿＿＿。

＋ 낱말과 표현

貸（か）す 빌려주다　　部屋（へや）방　　掃除（そうじ）청소　　先輩（せんぱい）선배

昔（むかし）옛날　　教（おし）える 가르치다　　彼女（かのじょ）여자친구　　歌（うた）う 노래하다

3

車が 止まって います。

→ 車が <u>止めて あります</u>。

1

電気が ついて います。

→ 電気が ＿＿＿＿＿＿＿＿＿＿＿＿。

2

ドアが 閉まって います。

→ ドアが ＿＿＿＿＿＿＿＿＿＿＿＿。

3

教室の 中に 時計が かかって います。

→ 教室の 中に 時計が ＿＿＿＿＿＿＿＿＿。

4

店に コップが きれいに 並んで います。

→ 店に コップが きれいに ＿＿＿＿＿＿＿。

➕ **낱말과 표현**

車(くるま) 차　止(と)める 세우다　電気(でんき) 전기　つく 켜지다　ドア 문　閉(し)まる 닫히다
教室(きょうしつ) 교실　時計(とけい) 시계　かかる 걸리다　店(みせ) 가게　コップ 컵
並(なら)ぶ 진열되다

읽어봅시다!

田中君(たなかくん)はいつも私(わたし)を助(たす)けてくれます。

私(わたし)が困(こま)っている時(とき)に一番(いちばん)頼(たよ)りになる友人(ゆうじん)です。

この前(まえ)も私(わたし)が電車(でんしゃ)の中(なか)にカバンを忘(わす)れてしまった時(とき)、わざわざ駅(えき)まで一緒(いっしょ)に行(い)ってくれました。また、保証人(ほしょうにん)がいなくて困(こま)っている時(とき)も快(こころよ)く保証人(ほしょうにん)を引(ひ)き受(う)けてくれました。

私(わたし)はいつか、田中君(たなかくん)に恩返(おんがえ)しをしようと思(おも)っています。

✚ 낱말과 표현

~君(くん) ~군　助(たす)ける 도와주다, 구하다　困(こま)る 곤란하다　頼(たよ)りになる 의지가 되다

忘(わす)れる 잊다, 잊어버리다　わざわざ 일부러　保証人(ほしょうにん) 보증인

快(こころよ)い 기분이 좋다, 상쾌하다　引(ひ)き受(う)ける 떠맡다

恩返(おんがえ)し 은혜를 갚다, 보은을 하다　~と思(おも)う ~라고 생각하다

일본어로 써봅시다!

1. 나는 친구에게 가방을 사 주었습니다.

2. 기무라 씨는 나에게 인형을 사 주었습니다.

3. 선생님은 나에게 사전을 빌려 주셨습니다.

4. 집 앞에 차가 세워져 있습니다. (止(と)める)

정답

1. 私(わたし)は友達(ともだち)にかばんを買(か)ってあげました。
2. 木村(きむら)さんは私(わたし)に人形(にんぎょう)を買(か)ってくれました。
3. 先生(せんせい)は私(わたし)に辞書(じしょ)を貸(か)してくださいました。
4. 家(うち)の前(まえ)に車(くるま)が止(と)めてあります。

한자 즐기기

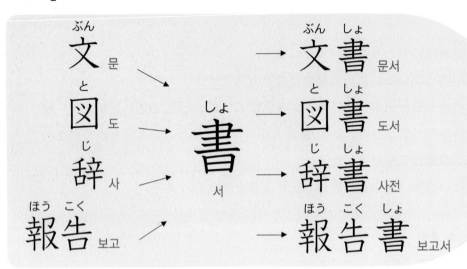

ぶん
文 문
と
図 도
じ
辞 사
ほう こく
報告 보고

しょ
書 서

→ ぶん しょ
文書 문서
→ と しょ
図書 도서
→ じ しょ
辞書 사전
→ ほう こく しょ
報告書 보고서

써봅시다!

まど 窓 창문	窓			
はな たば 花束 꽃다발	花束			
こう はい 後輩 후배	後輩			
せつ めい 説明 설명	説明			
てい しゅつ 提出 제출	提出			
け しょう ひん 化粧品 화장품	化粧品			

A. 두 사람의 대화를 듣고 내용과 일치하는 것을 **1** **2** **3** **4** 중에서 고르세요.

B. 내용을 듣고 그림과 일치하면 ○, 일치하지 않으면 ×를 넣으세요.

회화 플러스 **Track 14** OMAKE

01 専攻（せんこう）は 何（なん）ですか。 전공이 무엇입니까?

A : 専攻は 何ですか。 전공이 무엇입니까?

B : コンピューターです。 컴퓨터입니다.

| 아래 낱말을 써서 빨간색 부분과 바꿔서 말해보세요. |

経営(けいえい) 경영　経済(けいざい) 경제　体育(たいいく) 체육

建築(けんちく) 건축　美術(びじゅつ) 미술　医学(いがく) 의학

歴史(れきし) 역사　英語(えいご) 영어　日本語(にほんご) 일본어

中国語(ちゅうごくご) 중국어　ピアノ 피아노　機械(きかい) 기계

02 あなたの 夢（ゆめ）は 何（なん）ですか。 당신의 꿈은 무엇입니까?

A : あなたの 夢は 何ですか。 당신의 꿈은 무엇입니까?

B : 医者（いしゃ）に なる ことです。 의사가 되는 것입니다.

| 아래 낱말을 써서 빨간색 부분과 바꿔서 말해보세요. |

外交官(がいこうかん) 외교관　警察官(けいさつかん) 경찰관

先生(せんせい) 선생님　大統領(だいとうりょう) 대통령

芸能人(げいのうじん) 연예인　歌手(かしゅ) 가수

看護婦(かんごふ) 간호사　サッカー選手(せんしゅ) 축구 선수

モデル 모델　科学者(かがくしゃ) 과학자　画家(がか) 화가

社長(しゃちょう) 사장　パン屋(や)さん 빵집 주인

병의 증상

体の具合が悪い

몸 상태가 좋지 않다

めまいがする

현기증이 나다

吐き気がする

메슥거리다

熱がある

열이 있다

ずきずき痛い

욱신욱신 쑤시다

頭が痛い

머리가 아프다

寒気がする

한기가 들다

鼻水が出る

콧물이 나오다

くしゃみが出る

재채기가 나다

鼻がつまる

코가 막히다

咳が出る

기침이 나다

皮膚がかゆい

피부가 가렵다

GRAMMAR POINT

01 동사의 가정형

종류	기본형	가정형	기본형	가정형	기본형	가정형
1그룹 동사 (5단 동사)	会う	会えば	飲む	飲めば	話す	話せば
	待つ	待てば	遊ぶ	遊べば	作る	作れば
	乗る	乗れば	書く	書けば	読む	読めば
	死ぬ	死ねば	泳ぐ	泳げば	帰る	帰れば
2그룹 동사 (상1단 하1단 동사)	見る	見れば	起きる	起きれば	教える	教えれば
	食べる	食べれば	寝る	寝れば	覚える	覚えれば
	やめる	やめれば				
3그룹(カ행 변격동사)	する	すれば				
3그룹(サ행 변격동사)	来る	くれば				

02 〜ば 〜 ほど ~하면 ~ 할수록

い 형용사 : い   ければ + 〜いほど

例 安ければ 安いほど いいです。

싸면 쌀수록 좋습니다.

な 형용사 : だ   ならば + 〜なほど

例 学生は まじめならば まじめなほど いいです。

학생은 성실하면 성실할수록 좋습니다.

동　사 :　e + ば

例 日本語は 勉強すれば するほど おもしろく なります。

일본어는 공부하면 할수록 재미있어집니다.

03 そうだ・ようだ・らしい 용법

	そうだ (전문)	そうだ (추측・양태)	ようだ	みたいだ (ようだ 회화체)	らしい
명 사(N)	N だ+そうだ	✕	N+の+よう	N +みたいだ	N +らしい
い 형용사	〜い 〜くない 〜かった 〜くなかった ＋そうだ	〜い ＋そうだ	〜い 〜くない 〜かった 〜くなかった ＋ようだ	〜い 〜くない 〜かった 〜くなかった ＋みたいだ	〜い 〜くない 〜かった 〜くなかった ＋らしい
な 형용사	〜だ 〜じゃない 〜だった 〜じゃなかった ＋そうだ	〜だ ＋そうだ	だ→な 〜じゃない 〜だった 〜じゃなかった ＋ようだ	〜だ 〜じゃない 〜だった 〜じゃなかった ＋みたいだ	〜だ 〜じゃない 〜だった 〜じゃなかった ＋らしい
동 사(V)	기본체 ＋そうだ	ます형 ＋そうだ	기본체 ＋ようだ	기본체 ＋みたいだ	기본체 ＋らしい

① そうだ 용법

　例 天気予報に よると 明日は 雨が 降るそうです。(전문)

　　 この チーズケーキ、とても おいしそうですね。(추측, 양태)

② ようだ(= みたいだ) 용법

　例 まるで 夢の ようです。(= 夢みたいです) (비유)

　　 明日は 雪が 降るようです。(= 降る みたいです) (추측)

③ らしい 용법

　例 田中さんは 男らしいです。(~답다)

　　 明日から 寒く なるらしいです。(추측)

KATAKANA NOTE

スポーツ すぽーつ 스포츠	スポーツ			

ボランティア ぼらんてぃあ 봉사	ボランティア			

コンサート こんさーと 콘서트	コンサート			

マンション まんしょん 맨션	マンション			

ホテル ほてる 호텔	ホテル			

ワンピース わんぴーす 원피스	ワンピース			

デザイン でざいん 디자인	デザイン			

04

隣の 人に 足を 踏まれました。

옆 사람에게 발을 밟혔습니다.

 이번 과의 포인트

☐ どうしたんですか。

무슨 일이에요?

→ バスの 中で 隣の 人に 足を 踏まれました。

버스 안에서 옆 사람한테 발을 밟혔습니다.

☐ どうしたんですか。

무슨 일이에요?

→ 雨に 降られて 服が ぬれて しまいました。

비를 맞아서 옷이 젖어 버렸습니다.

キム　どうしたんですか。顔色(かおいろ)が 悪(わる)いですね。

佐藤　昨日(きのう)、ほとんど 寝(ね)てないんです。

キム　また、ゲームに 夢中(むちゅう)に なって、徹夜(てつや)したんでしょ。

佐藤　ちがいますよ。急(きゅう)に 友達(ともだち)に 飲(の)み会(かい)に 誘(さそ)われて。

キム　また 飲(の)んだんですか。

佐藤　ええ、飲(の)めない ウイスキーは 飲(の)まされるし、

　　　妻(つま)には 散々(さんざん) 文句(もんく)を 言(い)われるし…。

キム　それはそれは。

佐藤　これからは 誘(さそ)われても なるべく 早(はや)く 家(うち)に 帰(かえ)る ことに します。

キム　いつも そんな ことばかり 言(い)って いますが、

　　　たまには 実行(じっこう)して ください。

낱말과 표현

どうしたんですか 무슨 일이에요?, 왜 그래요?　　顔色(かおいろ) 안색　　〜に 夢中(むちゅう)だ 〜에 열중하다
徹夜(てつや) 철야, 밤샘　　違(ちが)います 아닙니다, 틀립니다　　急(きゅう)に 갑자기　　誘(さそ)われる
권유받다　　ウイスキー 위스키　　飲(の)まされる (어쩔수 없이) 마시다　　散々(さんざん) 몹시, 호되게
文句(もんく) 불평　　それはそれは 저런저런　　なるべく 가능한 한　　たまに 가끔　　実行(じっこう) 실행

01 동사의 수동형

1그룹 동사 (5단동사)	u단 → a단 + れる	예 ★ 叱る → 叱られる 盗む → 盗まれる 読む → 読まれる ★ 帰る → 帰られる
2그룹 동사 (상1단동사 하1단동사)	る + られる (가능형과 동일)	いる → いられる 見る → 見られる 食べる → 食べられる 教える → 教えられる
3그룹 동사 (カ행변격동사 サ행변격동사)	来る → 来られる (가능형과 동일) する → される	来る → 来られる 招待する → 招待される

① 일반 수동 (〜に〜れる・られる)

예 田中さんは 先生に ほめられました。

試験の 成績が 悪くて 母に 叱られました。

この ビルは 10年前に 建てられました。

どろぼうに カバンを 取られました。

② 피해 수동 (迷惑の 受け身)

예 雨に 降られて セーターと スカートが 濡れました。

赤ちゃんに 泣かれて 一時間も 寝られませんでした。

友達に 来られて 宿題が できませんでした。

おさない 時、母に 死なれました。

※ 동사의 수동형 활용 연습(해답 62쪽)

의미	동사	수동형	의미	동사	수동형
밟다	踏む		읽다	読む	
혼내다	叱る		말하다	言う	
집다	取る		보다	見る	
훔치다	盗む		쓰다	書く	
부탁하다	頼む		울다	泣く	
웃다	笑う		죽다	死ぬ	
물다	かむ		찍다	撮る	
칭찬하다	ほめる		가르치다	教える	
세우다	建てる		오다	来る	
지불하다	払う		부르다	呼ぶ	
때리다	なぐる		마시다	飲む	
권유하다	誘う		듣다	聞く	
밀다	押す		만들다	作る	
버리다	捨てる		돌아오다(가다)	帰る	
부수다	壊す		하다	する	
화내다	怒る		나가다	出る	

✚ 낱말과 표현

ほめる 칭찬하다　試験(しけん) 시험　成績(せいせき) 성적　建(た)てる 세우다　泥棒(どろぼう) 도둑
取(と)る 집다, 훔치다(= 盗(ぬす)む)　セーター 스웨터　スカート 스커트　濡(ぬ)れる 젖다
赤(あか)ちゃん 갓난아기　泣(な)く 울다　宿題(しゅくだい) 숙제　おさない 어리다　死(し)ぬ 죽다

02 **ほとんど ～ない** 거의 ～하지 않다

예 夕ご飯は ほとんど 食べてないんです。

単語を 勉強したのに ほとんど 覚えてないんですね。

会話は ほとんど できないんです。

[참고] 빈도부사

よく － ときどき － たまに － ほとんど － ぜんぜん － いつも

자주　　때때로　　가끔　　거의　　전혀　　언제나, 늘, 항상

03 **～ に 夢中だ** ～에 열중이다

예 ビリヤードに 夢中で ぜんぜん 勉強しません。

彼は 最近 アニメに 夢中です。

田中さんは 野球に 夢中ですね。

04 **～た(だ)んですか。** ～했습니까? ～했던 겁니까?
　　　　　　　　　　　(그 이유나 시정을 알고 싶다는 표현)

예 昨日は 何を したんですか。

吉田さんも 行ったんですか。

昼ご飯は 何を 食べたんですか。

05 ～ことに する ～하기로 하다 (본인의 주관적인 결정)

예 体の 調子が 悪くて たばこを やめる ことに しました。

来年の ４月に 日本へ 留学する ことに しました。

明日から 日本語の 勉強を する ことに しました。

[참고] ～ ことに なる ～하게 되다 (결정된 사항)

예 病気で 会社を やめる ことに なりました。

田中さんが レポートを 発表する ことに なりました。

キムさんは 山田さんと 別れる ことに なりました。

참고(수동형에 주로 쓰이는 동사)

・踏む 밟다	・盗む 훔치다	・取る 집다	・叱る 혼내다
・ほめる 칭찬하다	・建てる 짓다, 세우다	・押す 밀다	・書く 쓰다
・噛む 물다	・呼ぶ 부르다	・頼む 부탁하다	・読む 읽다
・笑う 웃다	・言う 말하다	・誘う 권유하다	・歌う 노래하다
・殴る 때리다	・壊す 부수다	・ひく 끌다, 치다	・作る 만들다

➕ 낱말과 표현

単語(たんご) 단어   勉強(べんきょう) 공부   覚(おぼ)える 외우다   会話(かいわ) 회화

ビリヤード 당구, 포켓볼   最近(さいきん) 최근   アニメ 애니메이션   野球(やきゅう) 야구

昨日(きのう) 어제   昼ご飯(ひるごはん) 점심밥   体(からだ)の 調子(ちょうし) 컨디션, 몸의 상태

悪(わる)い 나쁘다   たばこ 담배   やめる 그만두다   来年(らいねん) 내년   留学(りゅうがく) 유학

病気(びょうき) 병   会社(かいしゃ)を 辞(や)める 회사를 그만두다   発表(はっぴょう) 발표

別(わか)れる 헤어지다

※ 동사의 수동형 활용 연습 해답

의미	동사	수동형	의미	동사	수동형
밟다	踏む	踏まれる	읽다	読む	読まれる
혼내다	叱る	叱られる	말하다	言う	言われる
집다	取る	取られる	보다	見る	見られる
훔치다	盗む	盗まれる	쓰다	書く	書かれる
부탁하다	頼む	頼まれる	울다	泣く	泣かれる
웃다	笑う	笑われる	죽다	死ぬ	死なれる
물다	噛む	噛まれる	찍다	撮る	撮られる
칭찬하다	ほめる	ほめられる	가르치다	教える	教えられる
세우다	建てる	建てられる	오다	来る	来られる
지불하다	払う	払われる	부르다	呼ぶ	呼ばれる
때리다	なぐる	なぐられる	마시다	飲む	飲まれる
권유하다	誘う	誘われる	듣다	聞く	聞かれる
밀다	押す	押される	만들다	作る	作られる
버리다	捨てる	捨てられる	돌아오다(가다)	帰る	帰られる
부수다	壊す	壊される	하다	する	される
화내다	怒る	怒られる	나가다	出る	出られる

1 보기

^{しか}
叱る

→ ^{はは}母に <u>叱られました</u>。

1

^{ぬす}
盗む

→ バスの ^{なか}中で ^{さい ふ}財布を ＿＿＿＿＿＿＿＿＿＿＿。

2

^か
噛む

→ ^{いぬ}犬に ^て手を ＿＿＿＿＿＿＿＿＿＿＿。

3

ひく

→ タクシーに ＿＿＿＿＿＿＿＿＿＿＿。

4

^{たの}
頼む

→ ^{じょう し}上司に ^{し ごと}仕事を ＿＿＿＿＿＿＿＿＿＿＿。

✚ 낱말과 표현

叱(しか)る 혼내다　盗(ぬす)む 훔치다　財布(さいふ) 지갑　噛(か)む 물다　タクシー 택시　ひく 치다
上司(じょうし) 상사　仕事(しごと) 일　頼(たの)む 부탁하다

5

押_おす

→ バスの 中_{なか}で 人_{ひと}に _____。

6

踏_ふむ

→ 道_{みち}で 人_{ひと}に 足_{あし}を _____。

7

降_ふる

→ 雨_{あめ}に _____ スーツが ぬれました。

8

泣_なく

→ 子供_{こども}に _____ 一時間_{いちじかん}も

寝_ねられませんでした。

✚ 낱말과 표현

押(お)す 밀다　道(みち) 길　足(あし) 발　スーツ 양복　濡(ぬ)れる 젖다　子供(こども) 아이
泣(な)く 울다

2

보기

行う
おこな

会議は 三階の 会議室で ＿＿＿＿＿＿＿ 行う ことに しました。
かいぎ　　さんがい　かいぎしつ

→ 会議は 三階の 会議室で ＿＿＿＿＿＿＿ 行う ことに なりました。

1

日本へ 行く
にほん　い

来月 日本へ ＿＿＿＿＿＿＿＿＿＿＿＿＿＿＿＿＿。
らいげつ

→ 来月 日本へ ＿＿＿＿＿＿＿＿＿＿＿＿＿＿＿。

2

ダイエットする

明日から ＿＿＿＿＿＿＿＿＿＿＿＿＿＿＿＿＿＿＿。
あした

→ 明日から ＿＿＿＿＿＿＿＿＿＿＿＿＿＿＿＿＿。

3

お酒を やめる
さけ

今日から ＿＿＿＿＿＿＿＿＿＿＿＿＿＿＿＿＿。
きょう

→ 今日から ＿＿＿＿＿＿＿＿＿＿＿＿＿＿＿＿＿。

4

結婚する
けっこん

キムさんと 来年 ＿＿＿＿＿＿＿＿＿＿＿＿＿＿＿。
らいねん

→ キムさんと 来年 ＿＿＿＿＿＿＿＿＿＿＿＿＿。

➕ 낱말과 표현

三階(さんがい) 3층　　会議室(かいぎしつ) 회의실　　来月(らいげつ) 다음달　　ダイエット 다이어트

お酒(さけ)を やめる 술을 끊다　　結婚(けっこん) 결혼　　来年(らいねん) 내년

읽어봅시다!

私(わたし)は子供(こども)の時(とき)から、叱(しか)られてばかりいました。

特(とく)に小学生(しょうがくせい)の時(とき)には、よく廊下(ろうか)に立(た)たされました。

好奇心(こうきしん)が強(つよ)いせいか、じっとしていられない性格(せいかく)のようです。

そのせいか、父(ちち)からはいつも注意(ちゅうい)するように強(つよ)く言(い)われていました。

でも、大人(おとな)になってみると、今(いま)はいい思(おも)い出(で)になっています。

+ 낱말과 표현

叱(しか)る 야단치다, 꾸짖다　　～てばかりいる ~하고만 있다　　特(とく)に 특히

小学生(しょうがくせい) 초등학생　　廊下(ろうか) 복도　　立(た)つ 서다　　立(た)たされる 세워지다

好奇心(こうきしん) 호기심　　~せい ~탓, 때문　　じっと 가만히, 잠자코　　性格(せいかく) 성격

注意(ちゅうい) 주의　　～ように ~하도록　　大人(おとな) 어른　　思(おも)い出(で) 추억

일본어로 써봅시다!

1. 버스 안에서 옆 사람에게 발을 밟혔습니다.

2. 오늘 선생님께 칭찬받았습니다.

3. 이 빌딩은 5년 전에 지어졌습니다.

4. 내일부터 아침 일찍 일어나도록 하겠습니다.

정답
1. バスの中(なか)で隣(となり)の人(ひと)に足(あし)を踏(ふ)まれました。
2. 今日(きょう)先生(せんせい)に褒(ほ)められました。
3. このビルは5年(ねん)前(まえ)に建(た)てられました。
4. 明日(あした)から朝(あさ)早(はや)く起(お)きるようにします。

한자 연습

한자 즐기기

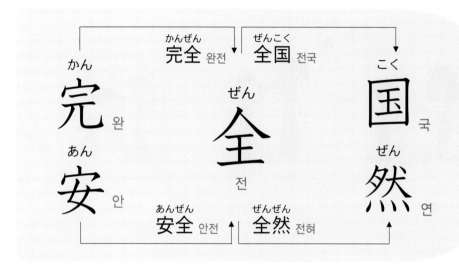

かんぜん　完全 완전　ぜんこく　全国 전국

かん　完 완
あん　安 안

ぜん　全 전

こく　国 국
ぜん　然 연

あんぜん　安全 안전　ぜんぜん　全然 전혀

써봅시다!

かお いろ 顔 色 안색	顔色			
てつ や 徹 夜 철야	徹夜			
もん く 文 句 불평	文句			
たて もの 建 物 건물	建物			
や きゅう 野 球 야구	野球			
ちゅう い 注 意 주의	注意			

A. 남자가 여자에게 어제 일에 대해서 이야기하고 있습니다. 어제 일어난 순서대로 번호를 나열하세요.

정답 (   ) — (   ) — (   )

B. 내용을 듣고 그림과 일치하면 ○, 일치하지 않으면 ✕를 넣으세요.

❶ (   )

❷ (   )

❸ (   )

❹ (   )

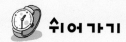

일본 음식점의 식권기

일본은 인건비와 주문의 오류를 줄이기 위해 식권 자동 판매기를 도입한 음식점이 많습니다.

특히, 역 구내 식당은 대부분 식권제로 되어 있어서 먼저 식권을 사서, 점원에게 전달해야만 주문이 됩니다.

일본어에 능숙하지 않은 외국인에게는 오히려 편리한 주문 방식같지만, 식권 자동 판매기의 버튼에 어려운 한자의 음식명만 나열되어 있는 곳도 많아서 뭘 주문해야 될지 망설이게 됩니다.
그나마 아래의 예처럼 버튼에 사진이 붙어 있으면 다행이지요.

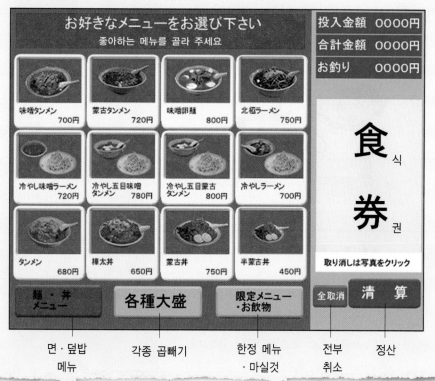

05

漢字を 書かせたり 例文を 覚えさせたり します。

한자를 쓰게 하기도 하고 예문을 외우게 하기도 합니다.

 이번 과의 포인트

□ 友達を 待たせた ことが ありますか。
ともだち　ま

친구를 기다리게 한 적이 있습니까?

→ はい、会議の ため、友達を 2時間も 待たせました。
かいぎ　　　　　　ともだち　にじかん　ま

네, 회의 때문에 친구를 2시간이나 기다리게 했습니다.

□ どうしたんですか、顔色が 悪いですね。
かおいろ　わる

무슨 일이에요? 안색이 좋지 않군요.

→ 上司に 仕事を 頼まれて 徹夜を させられました。
じょうし　しごと　たの　　　てつや

상사에게 일을 부탁받아서 (어쩔 수 없이) 철야를 했습니다.

キム 隼人さんは 学校で 日本語を 教えて いるんでしょう。

　　 学生たちに どう 教えて いますか。

隼人 毎日 ノートに 漢字を 書かせたり 例文を 覚えさせたり して います。

キム 私は 先生に 毎日 本文を 読ませられて 大変です。

　　 本文が 読めない 時は 恥ずかしくて 恥ずかしくて。

隼人 私も 最初 韓国語を 習う 時、ハングルが 書けなくて 先生に

　　 もっと 勉強して こいと 言われて 苦労しました。

キム 外国語を 習うのは 大変ですね。

➕ 낱말과 표현

教(おし)える 가르치다　　～でしょう ~하죠, ~겠죠　　例文(れいぶん) 예문　　本文(ほんぶん) 본문
恥(は)ずかしい 부끄럽다, 창피하다　　習(なら)う 배우다　　ハングル 한글　　もっと 더, 좀더
こい 와라 (来る의 명령형)　　苦労(くろう) 고생　　外国語(がいこくご) 외국어

01 동사의 사역(使役)·사역수동(使役受身)

	사역형	사역수동형
1그룹 동사 (5단동사)	u단 → a단 + せる (= u → a + す) ★ ～う로 끝나는 동사 → わせる 예 ★ 飲む → 飲ませる 待つ → 待たせる 歌う → 歌わせる	u단 → a단 + せられる (사역형 → 수동형) ★ ～う로 끝나는 동사 → ～わせられる 예 飲む → 飲ませられる (= 飲まされる) 待つ → 待たせられる (= 待たされる) 歌う → 歌わせられる (= 歌わされる)
2그룹 동사 (상1단동사 하1단동사)	る + させる 예 食べる → 食べさせる 覚える → 覚えさせる	る + させられる (사역형 → 수동형) 예 食べる → 食べさせられる 覚える → 覚えさせられる
3그룹 동사 (カ행변격동사 サ행변격동사)	する → させる 来る → こさせる 예 掃除させる 来させる	する → させられる 来る → こさせられる 예 掃除させられる 来させられる

※ 사역·사역수동 활용 연습 (해답 78쪽)

의미	동사	사역형	사역수동형
듣다	聞く		
읽다	読む		
쓰다	書く		
마시다	飲む		
노래하다	歌う		
보다	見る		
하다	する		
가르치다	教える		
일하다	働く		
가다	行く		
울다	泣く		
오다	来る		
기다리다	待つ		
사다	買う		
돌아오다(가다)	★帰る		
외우다, 기억하다	覚える		

① 사역형 (～하게 하다)

例 学生に 日記を 書かせました。

母は 私に 毎日 五つずつ 漢字を 覚えさせます。

先生は 学生たちに ペアに なって 日本語で 話させます。

父は 妹に 部屋の 掃除を させました。

私に 行かせて ください。

② 사역수동형 (어쩔수 없이(억지로) ～하다)

例 授業中に 英語で 発表させられました。

社長に 夜 遅くまで 働かせられました。

先輩に お酒を 飲ませられました。

駅まで 傘を 持って 来させられました。

私は 両親に お見合いを させられました。

➕ 낱말과 표현

日記(にっき) 일기   毎日(まいにち) 매일   ～ずつ ～씩   漢字(かんじ) 한자   覚(おぼ)える 외우다

ペアに なる 짝이 되다   父(ちち) 아빠   妹(いもうと) 여동생   部屋(へや) 방   掃除(そうじ) 청소

授業中(じゅぎょうちゅう) 수업중   英語(えいご) 영어   発表(はっぴょう) 발표   社長(しゃちょう) 사장

夜(よる) 밤   遅(おそ)く 늦게   働(はたら)く 일하다   先輩(せんぱい) 선배   駅(えき) 역   傘(かさ) 우산

両親(りょうしん) 부모님   お見合(みあ)い 맞선

02 동사의 명령형

1그룹 동사 (5단동사)	u단 → e단	예 ★ 行_いく → 行け 飲_のむ → 飲め がんばる → がんばれ ★ 帰_{かえ}る → 帰れ
2그룹 동사 (상1단동사 하1단동사)	る + ろ	起_おきる → 起きろ 食_たべる → 食べろ
3그룹 동사 (カ행변격동사 サ행변격동사)	来_くる → こい する → しろ	来る → こい 勉強_{べんきょう}する → 勉強しろ

예 家_{いえ}に 帰_{かえ}れ。

早_{はや}く 起_おきろ。

ちゃんと 勉強_{べんきょう}しろ。

明日_{あした}は 7時_{しちじ}までに こい。

✚ **낱말과 표현**

ちゃんと 제대로, 확실히　勉強(べんきょう) 공부

03 ～でしょう ～이죠(확인), ～이겠죠(추측)

예 キムさんの 彼氏(かれし)は 日本人(にほんじん)でしょう。(↗)

明日(あした)から 冬休(ふゆやす)みでしょう。(↗)

部長(ぶちょう)は 出張中(しゅっちょうちゅう)でしょう。(↗)

キムさんの 弟(おとうと)さんは アメリカに 住(す)んで いるんでしょう。(↗)

[참고] ～でしょう ～이겠죠?(추측)

예 明日(あした)は たぶん いい 天気(てんき)でしょう。(↘)

山田(やまだ)さんは すぐ 来(く)るでしょう。(↘)

04 ～時 ～때

예 暇(ひま)な 時(とき)は 小説(しょうせつ)を 読(よ)んだり 車(くるま)に 乗(の)って ドライブしたり します。

忙(いそが)しい 時(とき)は 残業(ざんぎょう)を したり します。

子供(こども)の 時(とき)、私(わたし)の 夢(ゆめ)は 大統領(だいとうりょう)でした。

✚ 낱말과 표현

彼氏(かれし) 남자친구   冬休(ふゆやす)み 겨울방학, 겨울휴가   出張中(しゅっちょうちゅう) 출장중
アメリカ 미국   ～に 住(す)む ～에 살다   暇(ひま)だ 한가하다   小説(しょうせつ) 소설
車(くるま) 차   ～に 乗(の)る ～를 타다   ドライブ 드라이브   忙(いそが)しい 바쁘다
残業(ざんぎょう) 잔업, 야근   子供(こども) 아이   夢(ゆめ) 꿈   大統領(だいとうりょう) 대통령

| 참고 |

❶ 皿を 洗わせる　　　皿を 洗わせられる

❷ 立たせる　　　立たせられる

❸ 掃除させる　　　掃除させられる

❹ 教材を 買わせる　　　教材を 買わせられる

❺ 食べさせる　　　食べさせられる

※ 사역・사역수동 활용 연습 해답

의미	동사	사역형	사역수동형
듣다	聞く	聞かせる	聞かせられる
읽다	読む	読ませる	読ませられる
쓰다	書く	書かせる	書かせられる
마시다	飲む	飲ませる	飲ませられる
노래하다	歌う	歌わせる	歌わせられる
보다	見る	見させる	見させられる
하다	する	させる	させられる
가르치다	教える	教えさせる	教えさせられる
일하다	働く	働かせる	働かせられる
가다	行く	行かせる	行かせられる
울다	泣く	泣かせる	泣かせられる
오다	来る	こさせる	こさせられる
기다리다	待つ	待たせる	待たせられる
사다	買う	買わせる	買わせられる
돌아오다(가다)	★帰る	★帰らせる	★帰らせられる
외우다, 기억하다	覚える	覚えさせる	覚えさせられる

1 보기

そうじ
掃除を する
せんせい　　　わたし
先生は 私に トイレの 掃除を させました。
→ 私は 先生に トイレの 掃除を させられました。

1

にっ き　　か
日記を 書く
はは　　わたし　　まいにち
母は 私に 毎日 ＿＿＿＿＿＿＿＿＿＿＿＿＿＿。

→ 私は 母に 毎日 ＿＿＿＿＿＿＿＿＿＿＿＿＿＿。

2

ざんぎょう
残業を する
じょう し
上司は 私に ＿＿＿＿＿＿＿＿＿＿＿＿＿＿＿。

→ 私は 上司に ＿＿＿＿＿＿＿＿＿＿＿＿＿＿＿。

3

はし
走る
うんどうじょう
先生は 私に 運動場を ＿＿＿＿＿＿＿＿＿＿＿。

→ 私は 先生に 運動場を ＿＿＿＿＿＿＿＿＿＿＿。

4

な
泣く
よし だ くん　　た なかくん
吉田君は 田中君を ＿＿＿＿＿＿＿＿＿＿＿＿。

→ 田中君は 吉田君に ＿＿＿＿＿＿＿＿＿＿＿＿。

5

に もつ
荷物を 持つ
し みず
清水さんは 木村さんに＿＿＿＿＿＿＿＿＿＿＿＿。

→ 木村さんは 清水さんに＿＿＿＿＿＿＿＿＿＿＿＿。

✚ 낱말과 표현

トイレ 화장실　掃除(そうじ) 청소　毎日(まいにち) 매일　母(はは) 엄마　上司(じょうし) 상사

運動場(うんどうじょう) 운동장　泣(な)く 울다　荷物(にもつ) 짐

2

走<small>はし</small>る

→ 遅刻<small>ちこく</small>した 人<small>ひと</small>は <u>走れ</u>。

起<small>お</small>きる

→ もう 8時<small>はちじ</small>だ! 早<small>はや</small>く ＿＿＿＿＿＿＿。

書<small>か</small>く

→ ここに 名前<small>なまえ</small>を ＿＿＿＿＿＿＿。

止<small>と</small>まる

→ ここでは 必<small>かなら</small>ず ＿＿＿＿＿＿。

出<small>だ</small>す

→ レポートを ＿＿＿＿＿＿。

➕ 낱말과 표현

遅刻(ちこく) 지각　名前(なまえ) 이름　止(と)まる 멈추다　必(かなら)ず 반드시
レポートを 出(だ)す 리포트를 내다

80

읽어봅시다!

小(ちい)さい時(とき)に母(はは)に習字(しゅうじ)を習(なら)わせられました。私(わたし)は習字は大嫌(だいきら)いでした。

週(しゅう)に２回(かい)、習字教室(きょうしつ)に通(かよ)わせられました。

習字教室のある火曜日(かようび)と木曜日(もくようび)は友達(ともだち)と遊(あそ)べなくて本当(ほんとう)に嫌(いや)でした。

でも、今(いま)振(ふ)り返(かえ)ってみると大変役(たいへんやく)に立(た)っています。

字(じ)がとてもきれいだとみんなから誉(ほ)められます。

✚ 낱말과 표현

習字(しゅうじ) 서예, 습자   習(なら)わせられる (어쩔수 없이) 배우다   大嫌(だいきら)いだ 매우 싫어하다

週(しゅう)に２回(にかい) 일주일에 두 번   通(かよ)わせられる (어쩔수 없이) 다니다

遊(あそ)べる 놀 수 있다   遊(あそ)べない 놀 수 없다   振(ふ)り返(かえ)てみる 돌아보다

役(やく)に立(た)つ 도움이 되다   字(じ) 글자   誉(ほ)める 칭찬하다 (수동→ 誉(ほ)められる 칭찬받다)

일본어로 써봅시다!

1. 엄마는 나에게 방 청소를 시켰습니다.

2. 매일 한자를 (어쩔 수 없이) 외웁니다.

3. 1시간이나 (어쩔 수 없이) 기다렸습니다.

4. 아침 일찍 일어나!

정답
1. 母(はは)は私(わたし)に部屋(へや)の掃除(そうじ)をさせました。
2. 毎日(まいにち)漢字(かんじ)を覚(おぼ)えさせられます。
3. 一時間(いちじかん)も待(ま)たされました。
4. 朝(あさ)早(はや)く起(お)きろ。

KANJI

한자 즐기기

こう
公 공 → こう えん
公園 공원

えん
園 원

らく
楽 락(낙) → らく えん
楽園 낙원

どう ぶつ
動物 동물 → どう ぶつ えん
動物園 동물원

써봅시다!

かん じ 漢字 한자	漢字			
そう じ 掃除 청소	掃除			
せん ぱい 先輩 선배	先輩			
れい ぶん 例文 예문	例文			
さい しょ 最初 최초, 처음	最初			
がい こく ご 外国語 외국어	外国語			

A. 다음 내용을 듣고 무엇에 대해 설명하는지 정답을 고르세요.

정답 (   )

B. 내용을 듣고 그림과 일치하면 ○, 일치하지 않으면 ×를 넣으세요.

❶ (   )

❷ (   )

❸ (   )

❹ (   )

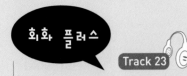

01 最近 どんな スタイルが はやって いますか。
최근 어떤 스타일이 유행하고 있습니까?

A : 最近 どんな スタイルが はやって いますか。

요즘 어떤 스타일이 유행하고 있습니까?

B : ミニスカートが はやって います。 미니 스커트가 유행하고 있습니다.

| 아래 낱말을 써서 빨간색 부분과 바꿔서 말해보세요. |

デザイン 디자인　車(くるま) 차　映画(えいが) 영화　アニメ 애니메이션

花(はな)の 模様(もよう) 꽃 무늬　ヘアスタイル 헤어스타일

アクセサリー 액세서리　ネクタイ 넥타이　ズボン 바지　靴(くつ) 구두

02 初恋は いつでしたか。　첫사랑은 언제였습니까?

A : 初恋は いつでしたか。 첫사랑은 언제였습니까?

B : 高校 3年生の 時でした。 고등학교 3학년 때였습니다.

GRAMMAR POINT

01 문법 정리 1

종류	기본형	의지형	가정형	수동형	사역형	사역수동형	명령형
1그룹동사 (5단동사)	買う	買おう	買えば	買われる	買わせる	買わせられる	買え
	待つ	待とう	待てば	待たれる	待たせる	待たせられる	待て
	撮る	撮ろう	撮れば	撮られる	撮らせる	撮らせられる	撮れ
	死ぬ	死のう	死ねば	死なれる	死なせる	死なせられる	死ね
	読む	読もう	読めば	読まれる	読ませる	読ませられる	読め
	遊ぶ	遊ぼう	遊べば	遊ばれる	遊ばせる	遊ばせられる	遊べ
	聞く	聞こう	聞けば	聞かれる	聞かせる	聞かせられる	聞け
	泳ぐ	泳ごう	泳げば	泳がれる	泳がせる	泳がせられる	泳げ
	話す	話そう	話せば	話される	話させる	話させられる	話せ
	送る	送ろう	送れば	送られる	送らせる	送らせられる	送れ
	歩く	歩こう	歩けば	歩かれる	歩かせる	歩かせられる	歩け
	帰る	帰ろう	帰れば	帰られる	帰らせる	帰らせられる	帰れ
2그룹동사 (상1단 하1단 동사)	見る	見よう	見れば	見られる	見させる	見させられる	見ろ
	食べる	食べよう	食べれば	食べられる	食べさせる	食べさせられる	食べろ
	起きる	起きよう	起きれば	起きられる	起きさせる	起きさせられる	起きろ
	寝る	寝よう	寝れば	寝られる	寝させる	寝させられる	寝ろ
	教える	教えよう	教えれば	教えられる	教えさせる	教えさせられる	教えろ
	覚える	覚えよう	覚えれば	覚えられる	覚えさせる	覚えさせられる	覚えろ
	やめる	やめよう	やめれば	やめられる	やめさせる	やめさせられる	やめろ
3그룹(カ행 변격동사)	する	しよう	すれば	される	させる	させられる	しろ
3그룹(サ행 변격동사)	来る	こよう	くれば	こられる	こさせる	こさせられる	こい

02 문법 정리 2

① 수동(受身)

예 先生に ほめられました。

この 本は 全部 日本語で 書かれて います。

誰かに かばんを 盗まれました。

② 피해수동(迷惑の 受身)

예 雨に 降られて 服が 濡れました。

友達に 来られて 勉強が ぜんぜん できませんでした。

③ 사역(使役)

예 先生は 学生に 本を 読ませました。

私は 妹に 漢字の 練習を させました。

母は 私に 部屋の 掃除を させました。

④ 사역수동(使役受身)

예 会社の 前で 1時間も 待たせられました。

お腹が いっぱいなのに 食べさせられました。

妹に 4万円の カバンを 買わせられました。

忘年会で 先輩に お酒を 飲ませられました。

⑤ 수동(受身)

예 明日から ダイエットする ことに します。

~ことに なる

キムさんは 来年の 2月に 日本へ 行く ことに なりました。

KATAKANA NOTE

カバン	カバン			
かばん 가방				

ウイスキー	ウイスキー			
ういすきー 위스키				

セーター	セーター			
せーたー 스웨터				

アニメ	アニメ			
あにめ 애니메이션				

スカート	スカート			
すかーと 스커트				

アメリカ	アメリカ			
あめりか 미국				

レポート	レポート			
れぽーと 리포트				

87

06

少々 お待ち ください。

잠시만 기다려 주십시오.

 이번 과의 포인트

□ もしもし、木村さんの お宅ですか。

여보세요, 기무라 씨 댁입니까?

→ はい、そうです。 네, 그렇습니다.

□ 私、田中と申しますが、洋子さんを
お願いします。

저는 다나카라고 합니다만, 요코 씨를 부탁합니다.

→ 少々 お待ちください。 잠시만 기다려 주십시오.

기본 회화 Track 24   DIALOGUE

木村　もしもし。

職員　はい、ダイスキホテルで ございます。

木村　中山商事の 木村ですが、部屋の 予約を したいんです。

職員　いつも ご利用していただき ありがとうございます。

　　　いつからの お泊まりで いらっしゃいますか。

木村　1月30日から 3泊で、ツインを お願いします。

職員　少々 お待ちください。

職員　お待たせいたしました。中山商事の 木村様、1月30日から

　　　3泊、ツインルームで 承りました。

木村　当日は 恐らく チェックインが 夜10時を 回ると 思うんですが。

職員　かしこまりました。お待ちいたして おります。

낱말과 표현

ホテル 호텔　商事(しょうじ) 상사　予約(よやく) 예약　利用(りよう) 이용　泊(と)まる 숙박하다, 머물다
少々(しょうしょう)お待(ま)ちください。 잠시만 기다려 주십시오.　お待たせいたしました 기다리게 해서 죄
송합니다.　ツインルーム 트윈룸　承(うけたまわ)る 듣다, 전해 듣다　当日(とうじつ) 당일　恐(おそ)らく
아마, 필시　チェックイン [check-in] 체크인　回(まわ)る 돌다, (시간이) 지나다　かしこまりました 잘 알
겠습니다(주로 손님, 상사에게 씀)　お待(ま)ちして おります 기다리고 있겠습니다

01 특별 존경어·겸양어

기본형	존경어	겸양어
居_いる		おる
行_いく	いらっしゃる	参_{まい}る
来_くる		
飲_のむ	召_めし上_あがる	いただく
食_たべる		
知_しる	ご存_{ぞん}じだ	存_{ぞん}じる
休_{やす}む	お休_{やす}みになる	
死_しぬ	お亡_なくなりになる	
見_みる	ご覧_{らん}になる	拝見_{はいけん}する
する	なさる	いたす
言_いう	おっしゃる	申_{もう}す・申_{もう}し上_あげる
会_あう	お会_あいになる	お目_めにかかる
聞_きく	お聞_ききになる	伺_{うかが}う
訪_{たず}ねる		伺_{うかが}う
くれる	くださる	
あげる		さしあげる
ある		ござる

[참고]

いらっしゃる　→　いらっしゃいます(○)　いらっしゃります(×)

なさる　→　なさいます(○)　なさります(×)

おっしゃる　→　おっしゃいます(○)　おっしゃります(×)

くださる　→　くださいます(○)　くださります(×)

ござる　→　ございます(○)　ござります(×)

예 お口(くち)に 合(あ)うか どうか わかりませんが、どうぞ 召(め)し上(あ)がって ください。

私(わたし)は キムと 申(もう)しますが、佐藤(さとう)さん いらっしゃいますか。(いる)

日本(にほん)へ いらっしゃった ことが ありますか。(行(い)く)

いつ 日本(にほん)から いらっしゃいましたか。(来(く)る)

先生(せんせい)、早(はや)く お目(め)にかかりたいです。

どうぞ よろしく お願(ねが)いいたします。

じゃ、4時(よじ)に 伺(うかが)います。

A : 昨日(きのう) 送(おく)った ファックス、ご覧(らん)に なりましたか。

B : はい、拝見(はいけん)しました。

A1 : 吉田先生(よしだせんせい)を ご存(ぞん)じですか。

B1 : はい、存(ぞん)じて おります。

➕ 낱말과 표현

口(くち) 입   ～か どうか わかりません ~인지 어떤지 모릅니다

召(め)し上(あ)がる 드시다 (→ 食(た)べる의 존경어)   ～と申(もう)します ~라고 합니다

お目(め)にかかる 만나 뵙다   伺(うかが)う 찾아 뵙다   送(おく)る 보내다   ファックス 팩스

ご覧(らん)に なる 보시다 (→ 見(み)る의 존경어)   拝見(はいけん)する 보다 (→ 見(み)る의 겸양어)

ご存(ぞん)じだ 아시다 (→ 知(し)る의 존경어)   存(ぞん)じる 알다 (→ 知(し)る의 겸양어)

02 ~で いらっしゃいますか ~이십니까? (존경)
~で ございます ~입니다 (겸양)

① A : キムさんは 会社員で いらっしゃいますか。
かいしゃいん

B : はい、会社員で ございます。

② A : 失礼ですが、日本人で いらっしゃいますか。
しつれい　　　　　にほんじん

B : はい、日本人で ございます。

03 ご + 한자어(동작성 명사)

例 ご結婚、おめでとうございます。
けっこん

ご注文は？
ちゅうもん

ご連絡 ください。
れんらく

✚ 낱말과 표현

結婚(けっこん) 결혼　　注文(ちゅうもん) 주문　　連絡(れんらく) 연락

[참고] 많이 쓰이는 접두어 お・ご 의 예

① 「ご」한자어 접속

예　ご利用 이용　　ご結婚 결혼　　ご連絡 연락　　ご家族 가족

　　ご両親 부모　　ご案内 안내　　ご心配 걱정　　ご紹介 소개

　　ご注意 주의　　ご主人 남편　　ご苦労 수고, 고생　　ご住所 주소

② 「お」순수 일본어 접속

예　お父さん 아버지　　　　　　お母さん 어머니

　　お兄さん 형, 오빠　　　　　　お姉さん 누나, 언니

　　お祈り 기도　　お腹 배　　お金 돈　　お見合い 맞선

　　お祝い 축하　　お友達 친구

③ 미화어

예　お酒 술　　お金 돈　　お寿司 초밥　　お風呂 욕조, 욕실

　　ご飯 밥　　お天気 날씨　　おしゃれ 멋

④ 존경

예　お名前 이름, 성함　　　　　　お宅 댁

　　お元気 건강, 잘 있음　　　　　お仕事 일, 업무

⑤ 접두어 예외

예　お電話 전화　　　　お正月 정월　　　　お食事 식사

　　お誕生日 생일

1 보기

いつ 韓国（かんこく）へ 来（き）ましたか。→ いらっしゃいましたか。

1 アメリカで 何（なに）を しますか。→ ＿＿＿＿＿＿＿＿＿＿＿＿＿＿＿＿。

2 日本（にほん）で 何（なに）を 食（た）べますか。→ ＿＿＿＿＿＿＿＿＿＿＿＿＿＿＿＿。

3 東京（とうきょう）で 何（なに）を 見（み）ましたか。→ ＿＿＿＿＿＿＿＿＿＿＿＿＿＿＿。

4 韓国（かんこく）の ことを どのぐらい 知（し）っていますか。

→ ＿＿＿＿＿＿＿＿＿＿＿＿＿＿＿＿＿＿＿。

2 보기

A：お名前（なまえ）は 何（なん）ですか。

B：キムと 言（い）います。→ 申（もう）します。

1 私（わたし）は 学校（がっこう）で 日本語（にほんご）を 勉強（べんきょう）しています。

→ ＿＿＿＿＿＿＿＿＿＿＿＿＿＿＿＿＿＿＿＿＿。

2 すみません。すぐ 行（い）きます。

→ ＿＿＿＿＿＿＿＿＿＿＿＿＿＿＿＿＿＿＿＿＿。

3 パンフレットは もう 見（み）ました。

→ ＿＿＿＿＿＿＿＿＿＿＿＿＿＿＿＿＿＿＿＿＿。

4 郵便局（ゆうびんきょく）の 前（まえ）で 先生（せんせい）に 会（あ）いました。

→ ＿＿＿＿＿＿＿＿＿＿＿＿＿＿＿＿＿＿＿＿＿。

➕ 낱말과 표현

アメリカ 미국　東京（とうきょう）도쿄　韓国（かんこく）한국　どのぐらい 얼마나

お名前（なまえ）이름, 성함　学校（がっこう）학교　勉強（べんきょう）공부　すぐ 곧, 바로

パンフレット 팸플릿　郵便局（ゆうびんきょく）우체국

읽어봅시다!

昨日(きのう)ははじめて先生(せんせい)のお宅(たく)にお邪魔(じゃま)しました。

写真(しゃしん)で見(み)るより奥様(おくさま)はずっときれいな方(かた)でした。手料理(てりょうり)も大変(たいへん)おいしく、

はじめて日本(にほん)の家庭料理(かていりょうり)を食(た)べることができました。

私(わたし)はお酒(さけ)が飲(の)めませんが、先生(せんせい)が飲(の)めとおっしゃったので飲んでみました。

思(おも)ったよりも飲みやすかったです。つい、たくさん飲んでしまいました。

✚ 낱말과 표현

はじめて 처음　お宅(たく) 댁　お邪魔(じゃま)する 방문하다, 폐를 끼치다　奥様(おくさま) 사모님

ずっと 훨씬　方(かた) 분 (人(ひと) 의 높임말)　手料理(てりょうり) 손수 만든 요리

家庭料理(かていりょうり) 가정요리　飲(の)め 마셔 (飲(の)む의 명령형)　おっしゃる 말씀하시다

思(おも)ったよりも 생각보다도　飲(の)みやすい 마시기 쉽다　つい 그만

일본어로 써봅시다!

1. 언제 일본에 가십니까?

_____

2. 자, 드십시오.

_____

3. 은행원이십니까? / 네, 은행원입니다.

_____

정답 1. いつ 日本(にほん)へ いらっしゃいますか。
2. どうぞ 召(め)し上(あ)がって ください。
3. 銀行員(ぎんこういん)で いらっしゃいますか。 / はい、銀行員(ぎんこういん)で ございます。

KANJI

한자 즐기기

こうつう
交通 교통
つうやく
通訳 통역

こう
交 교
ふ
普 보

つう
通
통

やく
訳 역
か
過 과

ふ つう
普通 보통
つう か
通過 통과

써봅시다!

しょう じ 商事 상사	商事			
よ やく 予約 예약	予約			
り よう 利用 이용	利用			
とう じつ 当日 당일	当日			
あん ない 案内 안내	案内			
ちゅう もん 注文 주문	注文			

A. 다음 내용을 잘 듣고 (　　　) 안을 채워보세요.

A : はい、韓国貿易で (　　　　　　　)。

B : もしもし、私は 日本商事の 佐藤と 申しますが、

　　社長 (　　　　　　　　　　　　　　　)。

A : はい、(　　　　　　　)。 少々 お待ちください。

B. 내용을 듣고 그림과 일치하면 ○, 일치하지 않으면 ✕를 넣으세요.

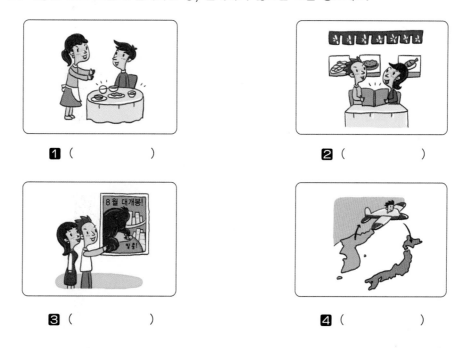

❶ (　　　　　　) ❷ (　　　　　　)

❸ (　　　　　　) ❹ (　　　　　　)

07

私が お持ちします。

제가 들어 드리겠습니다.

 이번 과의 포인트

□ 私が お持ちします。 제가 들어 드리겠습니다.

→ ありがとうございます。 고맙습니다.

□ どちらまで いらっしゃいますか。
私が お送りいたします。

어디까지 가십니까? 제가 모셔다 드리겠습니다.

→ どうも ありがとう ございます。

정말 고맙습니다.

春香　先生、今回　本を お書きに なったんですね。

作家　おかげさまで やっと 出版できました。

春香　私も さっそく 読ませて いただきました。

作家　もう お読みに なったんですか。

春香　ええ、大変、面白く 読ませて いただきました。

作家　どんな 点が 興味深かったですか。

春香　そうですね。何と言っても 最後の クライマックスが
　　　素晴らしかったです。

作家　そうですか。思ったより 評判が 良くて、ほっとして います。

➕ 낱말과 표현

今回(こんかい) 이번	おかげさまで 덕분에	やっと 드디어
出版(しゅっぱん) 출판　さっそく 즉시　もう 벌써, 이미		興味(きょうみ) 흥미　深(ふか)い 깊다
何(なん)と言(い)っても 뭐니뭐니해도, 무엇보다도	最後(さいご) 마지막, 최후	クライマックス 클라이맥스
素晴(すば)らしい 훌륭하다　思(おも)ったより 생각보다	評判(ひょうばん) 평판	ほっとする 안심하다

01 존경어·겸양어 공식

존경어	겸양어
お + ます형 ⎫ お(ご) + 한자어 ⎭ + に なる ~하시다 ください ~해 주십시오	お + ます형 ⎫ お(ご) + 한자어 ⎭ + する ~하다, いたす ~해 드리다
예 お待_まちに なります お待ちください ご乗車_{じょうしゃ}に なる ご乗車ください	예 お読_よみします お読みいたします ご説明_{せつめい}します ご説明いたします

02 お + ます형 + に なる

예 これは 吉田先生_{よし だ せんせい}が お書_かきに なった 本_{ほん}です。

何時_{なん じ}ごろ お帰_{かえ}りに なりますか。

何時ごろ 会社_{かいしゃ}に お戻_{もど}りに なりますか。

03 ~させて いただく (자신이) ~하다 (가장 겸손한 겸양어)

예 その 本_{ほん}は もう 読_よませて いただきました。

ご案内_{あんない}させて いただきます。

お先_{さき}に 帰_{かえ}らせて いただきます。

04 何と言っても 뭐니뭐니해도, 무엇보다도

예 何と言っても うちの 先生が 最高です。

何と言っても 性格が 一番ですね。

何と言っても 韓国の 製品が いいですね。

05 思ったより 생각보다, 생각했던 것보다

예 思ったより 日本語は おもしろいですね。

キムさんは 思ったより かっこいい 人です。

この レストランは 思ったより おいしいし、

値段も 高くないし、いいですね。

➕ 낱말과 표현

乗車(じょうしゃ) 승차　説明(せつめい) 설명　戻(もど)る 돌아오다　もう 이미, 벌써

案内(あんない) 안내　お先(さき)に 먼저　性格(せいかく) 성격　製品(せいひん) 제품

かっこいい 멋지다　レストラン 레스토랑　値段(ねだん) 가격, 값

생활에 자주 쓰이는 존경·겸양 표현

① A : 木村さん、いらっしゃいますか。(居る) 기무라 씨 계십니까?

　　B : はい、おります。／ いいえ、おりません。　네, 있습니다. / 아니요, 없습니다.

② 今 どこへ いらっしゃいますか。(行く) 지금 어디에 가십니까?

③ どこから いらっしゃいましたか。(来る) 어디에서 오셨습니까?

④ もしもし、山田さんの お宅ですか。여보세요, 야마다 씨 댁입니까?

⑤ お住まいは どちらですか。댁(사시는 곳)은 어디세요?

⑥ あの 方は どなたですか。저 분은 누구십니까?

⑦ いかがですか。어떠십니까?

⑧ お忙しいですか。바쁘십니까?

⑨ お暇ですか。한가하십니까?, 시간 괜찮으십니까?

⑩ 先生は 何と おっしゃいましたか。선생님은 뭐라고 말씀하셨습니까?

⑪ 書いて いただけますか。써 주시겠습니까?

⑫ 一度 お目に かかりたいです。한번 만나 뵙고 싶습니다.

⑬ よろしいですか。괜찮으시겠습니까?

⑭ 召し上がって ください。／ いただきます。드십시오. / 잘 먹겠습니다.

⑮ 少々 お待ち ください。잠시만 기다려 주십시오.

⑯ お待たせしました。(＝お待たせいたしました。) 오래 기다리셨습니다.

⑰ あとで お電話いたします。나중에 전화 드리겠습니다.

⑱ ご連絡いたします。연락 드리겠습니다.

⑲ 昨日の ニュース、ご覧に なりましたか。어제 뉴스, 보셨습니까?

⑳ ちょっと お伺いします。잠시 여쭙겠습니다.

패턴 연습

PATTERN

1

보기

昨日 何時ごろ お宅へ 帰りましたか。

→ 昨日 何時ごろ お宅へ お帰りになりましたか。

1

昨日 山田さんに 会いましたか。

→ 昨日 山田さんに _____。

2

この 本を 読みましたか。

→ この 本を _____。

3

何時まで キムさんを 待ちましたか。

→ 何時まで キムさんを _____。

4

日本語で メールを 書きましたか。

→ 日本語で メールを _____。

✚ 낱말과 표현

~ごろ ~쯤   メール 메일

2 예와 같이 존경어와 겸양어로 만드세요.

	존경어	겸양어
예 読む	お読みに なる	お読みする(いたす)
会う		
聞く		
話す		
説明		
案内		
連絡		
電話		

✚ 낱말과 표현

説明(せつめい) 설명　　案内(あんない) 안내　　連絡(れんらく) 연락　　電話(でんわ) 전화

읽어봅시다!

私たちのクラスの日本語の先生は授業を始める前に必ず漢字の小テストを行いました。毎日ですので、時々学生から不満が出ましたが、先生はいつも「これもあなたたちのためです」とおっしゃって、最後までテストを行いました。そのせいか、今は漢字に自信が持てるようになりました。

낱말과 표현

授業(じゅぎょう) 수업　　始(はじ)める 시작하다　　必(かなら)ず 반드시　　漢字(かんじ) 한자

小(しょう)テスト 간단한 시험, 쪽지 시험　　行(おこな)う 행하다, 실시하다　　時々(ときどき) 때때로

不満(ふまん) 불만　　명사 + の + ため ~를 위하여　　おっしゃる 말씀하시다　　最後(さいご) 마지막, 최후

~せい ~때문, ~탓　　自信(じしん) 자신　　~ように なる ~하게 되다

일본어로 써봅시다!

1. 제가 들어 드리겠습니다.

2. 설명해 드리겠습니다.

3. 여기에 성함과 주소를 써 주십시오.

4. 이 책을 벌써 읽으셨습니까?

정답
1. 私(わたし)が お持(も)ちします。(=お持(も)ち いたします)
2. ご説明(せつめい)させて いただきます
3. ここに お名前(なまえ)と ご住所(じゅうしょ)を お書(か)きください。
4. この本(ほん)を もう 読(よ)まれ ましたか。

한자 즐기기

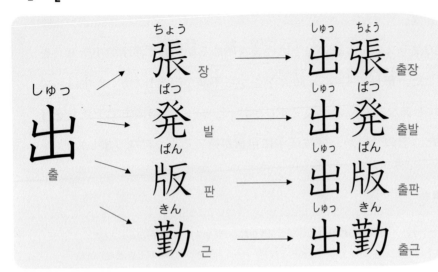

써 봅시다!

今回 こん かい 이번	今回			
出版 しゅっ ぱん 출판	出版			
興味 きょう み 흥미	興味			
住所 じゅう しょ 주소	住所			
最高 さい こう 최고	最高			
最後 さい ご 최후, 마지막	最後			

A. 다음 내용을 잘 듣고 (　　　) 안을 채워보세요.

男: ご注文は？

女: チーズケーキ(　　　)

　　ホットコーヒー(　　　)

　　お願いします。

男: 少々 (　　　　　　)。

　　(　　　　　　　　)。

　　ごゆっくり どうぞ。

B. 내용을 듣고 그림과 일치하면 ○, 일치하지 않으면 ×를 넣으세요.

❶ (　　　　)　　　　　　　　　❷ (　　　　)

❸ (　　　　)　　　　　　　　　❹ (　　　　)

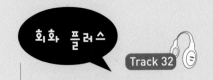
01 おこづかいは 一ヶ月 いくらぐらいですか。

용돈은 한 달에 얼마 정도입니까?

예 A : おこづかいは 一ヶ月 いくらぐらいですか。

용돈은 한 달에 얼마 정도입니까?

B : 一ヶ月 約30万ウォンぐらいです。 한 달에 약 30만원 정도입니다.

02 片想いを した ことが ありますか。

짝사랑을 한 적이 있습니까?

예 A : 片想いを した ことが ありますか。 짝사랑을 한 적이 있습니까?

B : はい、あります。 네 있습니다.

A : どんな 人でしたか。 어떤 사람이었습니까?

B : かわいくて やさしくて 髪が 長い 人でした。
귀엽고 상냥하고 머리가 긴 사람이었습니다.

01 존경어 · 겸양어

기본형	존경어	겸양어
居る		おる
行く	いらっしゃる	参る
来る		
飲む	召し上がる	いただく
食べる		
知る	ご存じだ	存じる
休む	お休みになる	
死ぬ	お亡くなりになる	
見る	ご覧になる	拝見する
する	なさる	いたす
言う	おっしゃる	申す・申し上げる
会う	お会いになる	お目にかかる
聞く	お聞きになる	伺う
訪ねる		伺う
くれる	くださる	
あげる		さしあげる
ある		ござる

02 존경어 공식

お＋ます형
お(ご)＋한자어
＋
に なる ～하시다
ください ～해 주십시오, ～해 주세요

예　お読みに なる 읽으시다

お書きに なる 쓰시다

少々 お待ちください 잠시만 기다려 주십시오

03 겸양어 공식

お＋ます형
お(ご)＋한자어
＋
する
いたす
～하다, ～해 드리다

예　おねがいいたします。 부탁 드립니다.

お持ちいたします。 들어 드리겠습니다.

ご案内いたします。 안내해 드리겠습니다.

필수 가타카나
연습

| ファックス | ファックス | | | |
| ふぁっくす 팩스 | | | | |

| パンフレット | パンフレット | | | |
| ぱんふれっと 팸플릿 | | | | |

| サッカー | サッカー | | | |
| さっかー 축구 | | | | |

| ルーム | ルーム | | | |
| るーむ 룸 | | | | |

| レストラン | レストラン | | | |
| れすとらん 레스토랑 | | | | |

| チーズ | チーズ | | | |
| ちーず 치즈 | | | | |

| ホット | ホット | | | |
| ほっと hot | | | | |

1과 ~ 7과 회화 표현 총정리

1. どうして 日本語を 習って いるんですか。왜 일본어를 배웁니까?

2. 大学を 卒業してから 何を しますか。 대학을 졸업하고 나서 무엇을 합니까?

3. 専門は 何ですか。전공이 무엇입니까?

4. あなたの 夢は 何ですか。 당신의 꿈은 무엇입니까?

5. 最近 どんな スタイルが はやって いますか。

   최근 어떤 스타일이 유행하고 있습니까?

6. 初恋は いつでしたか。첫사랑은 언제였습니까?

7. どうしたんですか。무슨 일이에요?

8. 日本へ いらっしゃった ことが ありますか。일본에 가신 적이 있습니까?

9. おこづかいは 一ヶ月 いくらぐらいですか。용돈은 한 달에 얼마 정도입니까?

10. 片想いを した ことが ありますか。 짝사랑을 한 적이 있습니까?

|참고|

조사 に

1. ～に 会う ～를 만나다

2. ～に 乗る ～를 타다

3. ～に 住む ～에 살다

4. ～に 通う ～에 다니다

5. ～に 着く ～에 도착하다

부록

1과

A

恭子：これ、田中さんの 家族の 写真ですか。

田中：はい、そうです。

恭子：お父さんと お母さんは とても 優しそうですね。田中さんの 隣の 人は 妹さんですか。

田中：いいえ、姉です。

恭子：へぇ、本当ですか。まるで 妹のようですね。

정답

1

B

1 山田さんの 妹さんは あまり 女らしくないです。

2 木村さんは 魚が あまり 好きじゃないみたいです。

3 山田さんと 佐藤さんは とても 親しいです。まるで 兄弟みたいですね。

4 この 女の人は 先生なのに 先生らしくない かっこうを して います。

정답

1× **2**○ **3**× **4**○

2과

A

女：あの、すみません。学校へ 行きたいんですが、ここから どうやって 行けば いいですか。

男：学校ですか。この 道を まっすぐ 行くと 交差点が 二つ あります。一つ目の 交差点を 左に 曲がると 右側に あります。

女：ありがとうございました。

男：いいえ、どういたしまして。

정답

A

B

1 A：銀行へ 行きたいんですが、ここから どうやって 行けば いいですか。
B：この 道を 右に 曲がると 左側に あります。

2 A：あの、映画の チケットが 二枚 あるんですが、明日 時間が あれば 映画を 見に 行きませんか。
B：明日なら いいですよ。

3 A：お腹が 痛いんです。どうしたら いいですか。
B：お腹が 痛いなら 病院へ 行った 方が いいですね。

4 A：キムさん、今 スーパーの 前ですが、どこか わかりません。
B：そうですか。スーパーを 左に 曲がると 右側に あります。もし わからなかったら 電話して ください。

정답

1○ **2**○ **3**× **4**×

3과

A

木村：今度 ボーナスを もらったら 何が した
　　　いですか。

キム：デパートで 新しい 靴と かばんを 買お
　　　うと 思います。木村さんは 何が した
　　　いですか。

木村：私は 友達と 一緒に 日本へ 行って こ
　　　ようと 思います。

キム：うらやましいですね。期間は どのぐら
　　　いですか。

木村：3泊4日ぐらいの 予定です。

キム：予約は しましたか。

木村：はい、友達に 予約して もらいました。

1 男の 人は 女の 人と 一緒に 日本へ 行く
　予定です。

2 女の 人は ボーナスを もらったら 済州道
　へ 行きます。

3 男の 人は ボーナスを もらったら 日本へ
　行く 予定です。

4 女の 人に ホテルの 予約を して もらいま
　した。

정답

3

B

1 私は 彼女に 花束を 買って あげました。

2 私は 犬に パンを やりました。

3 私は 先生に ペンを いただきました。

4 彼女は 私に かばんを 買って くれまし
　た。

정답

1 ○　　2 ○　　3 ×　　4 ○

115

4 과

A

恭子：もしもし、田中さん。今 何を して います か。

田中：家で ごろごろ して います。私、昨日 学校で 先生に ほめられて 気分が とても よかったんですけど、帰りの バスで ……。

恭子：バスで? 何か あったんですか。

田中：だれかに カバンを 盗まれて しまったんです。

恭子：え? それは 大変ですね。カバンに お金も 入って いたんですか。

田中：ええ、アルバイトで もらった お金を 全部 取られちゃったんです。

恭子：あ〜あ。

田中：それに 雨に 降られて 服は 濡れるし、母に 散々 叱られて… 気分は 最悪です。週末は ずっと 家に いる つもりですよ。

정답

㉯ – ㉰ – ㉮

B

❶ 犬に 手を 噛まれました。

❷ 雨に 降られて 新しい 服が 濡れて しまいました。

❸ バスの 中で 隣の 人に 足を 踏まれました。

❹ 試験の 成績が 悪くて 母に 叱られました。

정답

❶○　❷○　❸×　❹×

5 과

A

男：人が いっぱい いる ところと 言えば やっぱり 新宿ですよね。

女：はい。

男：彼女に 人が たくさん いる ところで 告白されたいって 言われて。

女：わ〜 すごい！ それで したんですか。

男：したと いうより、させられたんです。無理やりに。本当に 恥ずかしかったですよ。

정답

❷

B

❶ 学生は 先生に 本を 読ませられました。

❷ 先生に トイレの 掃除を させられました。

❸ 先輩は 後輩に お酒を 飲ませました。

❹ 母は 私に 皿を 洗わせました。

정답

❶×　❷○　❸○　❹○

6 과

A

女：はい、韓国貿易で（ございます）。

男：もしもし、私は 日本商事の 佐藤と 申し
　　ますが、社長（いらっしゃいますか）。

女：はい、（おります）。少々 お待ちください。

B

1 A：どうぞ 召し上がって ください。

　　B：いただきます。

2 A：チエさん、何に なさいますか。

　　B：私は 豚カツが いいんですが。

　　A：私は すしセットに します。

3 A：この 映画 もう ご覧に なりましたか。

　　B：はい、先週の 土曜日に 拝見しました。

4 A：もしもし、田中さんの お宅ですか。

　　B：はい、そうです。

　　A：私、木村ですが、アキラさん いらっ
　　　　しゃいますか。

　　B：はい、少々 お待ちください。

정답

1○　**2**○　**3**○　**4**×

7 과

A

男：ご注文は?

女：チーズケーキ(と) ホットコーヒー(を) お
　　願いします。

男：少々（お待ちください）。

　　（お待たせしました）。ごゆっくり どうぞ。

B

1 ずいぶん 重そうですね。私が お持ちい
　　たします。

2 どうぞ、お入りください。

3 二人で お話しください。

4 あ! この 本、このあいだ 読ませて いた
　　だきましたけど。

1○　**2**○　**3**○　**4**×

틀리기 쉬운 표현

1 과

1 まるで 夢の ようです。(○)
　 まるで 夢ようです。(×)

2 まるで 花みたいです。(○)
　 まるで 花のみたいです。(×)

3 女らしくて かわいいです。(○)
　 女らしいくて かわいいです。(×)

4 あの 部屋は 静かなようです。(○)
　 あの 部屋は 静かようです。(×)

2 과

1 日本語は 勉強すれば するほど おも
　 しろいです。(○)
　 日本語は 勉強しれば するほど おも
　 しろいです。(×)

2 交通は 便利ならば 便利なほど いい
　 です。(○)
　 交通は 便利ならば 便利ほど いいで
　 す。(×)

3 まっすぐ 行くと 交差点に 出ます。
　 (○)
　 まっすぐ 行くと 交差点が 出ます。
　 (×)

4 この 道を まっすぐ 行くと デパート
　 が 見えます。(○)
　 この 道を まっすぐ 行くと デパート
　 が 見ます。(×)

3 과

1 友達は 私に 本を くれました。(○)
　 友達は 私に 本を あげました。(×)

2 先生に 辞書を さしあげました。(○)
　 先生に 辞書を あげました。(×)

3 山田先生に 日本語を 教えて いただき
　 ました。(○)
　 山田先生に 日本語を 教えて ください
　 ました。(×)

4 母に 時計を 買って もらいました。(○)
　 母に 時計を 買って いただきました。
　 (×)

4 과

1 雨に 降られて 服が 濡れて しまいまし
　 た。(○)
　 雨が 降られて 服が 濡れて しまいまし
　 た。(×)

2 友達に 飲み会に 誘われました。(○)
　 友達が 飲み会を 誘われました。(×)

3 人に 笑われました。(○)
　 人に 笑あれました。(×)

1 私に 行かせて ください。(〇)

　私が 行かせて ください。(×)

1 お読みに なります。(〇)

　お読みなります。(×)

2 先生が ペンを くださいました。(〇)

　先生が ペンを くださりました。(×)

3 あとで お電話いたします。(〇)

　あとで ご電話いたします。(×)

4 A : 社長 いらっしゃいますか。

　B : いいえ、おりません。(〇)

　A : 社長 いらっしゃいますか。

　B : いいえ、いらっしゃいません。(×)

5 私が お持ち します。(〇)

　私が お持ちに します。(×)

1과 ~ 7과 어휘 총정리

1과

- □ ボランティア 봉사활동, 자원봉사
- □ 患者(かんじゃ) 환자
- □ 服(ふく) 옷
- □ 洗濯(せんたく) 세탁, 빨래
- □ 天使(てんし) 천사
- □ 続(つづ)ける 계속하다, 지속하다
- □ 偉(えら)い 훌륭하다
- □ 女(おんな)らしい 여자답다. 여성스럽다
- □ まるで 마치
- □ 夢(ゆめ) 꿈
- □ 本物(ほんもの) 진품, 진짜
- □ 雪(ゆき) 눈
- □ 歌手(かしゅ) 가수
- □ かなり 꽤, 제법
- □ 調子(ちょうし)が 悪(わる)い 컨디션이 나쁘다
- □ タイプ 타입
- □ 行動(こうどう) 행동
- □ 果物(くだもの) 과일
- □ お菓子(かし) 과자
- □ 論文(ろんぶん) 논문
- □ ピクニック 피크닉, 소풍
- □ 手術(しゅじゅつ) 수술
- □ 後(あと) 후
- □ 祭(まつ)り 축제
- □ にぎやかだ 번화하다
- □ 事故(じこ) 사고
- □ 同(おな)い年(どし) 동갑
- □ 話(はな)し方(かた) 화법, 말투
- □ 人気(にんき) 인기
- □ 火事(かじ) 화재
- □ 食事(しょくじ) 식사
- □ 事件(じけん) 사건

2과

- □ 近(ちか)く 근처
- □ どうやって 어떻게(해서)
- □ 道(みち) 길
- □ まっすぐ 똑바로
- □ 交差点(こうさてん)に 出(で)る 사거리가 나오다
- □ 交番(こうばん) 파출소
- □ もし 만약
- □ 悲(かな)しい 슬프다
- □ 交通(こうつう) 교통
- □ 借(か)りる 빌리다
- □ 頭(あたま)が 痛(いた)い 머리가 아프다
- □ 郵便局(ゆうびんきょく) 우체국
- □ 値段(ねだん) 가격
- □ 左(ひだり)に 曲(ま)がる 왼쪽으로 돌다
- □ 酔(よ)っぱらう 취하다
- □ 足(た)す 더하다
- □ 連絡(れんらく) 연락
- □ 若(わか)い 젊다, 어리다
- □ 小説(しょうせつ) 소설
- □ 演劇(えんげき) 연극
- □ いくら ～ても 아무리 ～해도
- □ 製品(せいひん) 제품
- □ 金持(かねも)ち 부자
- □ まず 우선, 먼저
- □ すてきだ 멋지다, 근사하다
- □ 楽(らく)だ 편안하다
- □ 替(か)える 바꾸다, 교환하다
- □ 大学時代(だいがくじだい) 대학 시절
- □ 過(す)ぎる 지나치다
- □ 議会(ぎかい) 의회
- □ 機会(きかい) 기회
- □ 教会(きょうかい) 교회
- □ 協会(きょうかい) 협회

- □ 書(か)くもの 쓸것
- □ 貸(か)す 빌려 주다
- □ 書類(しょるい) 서류
- □ 教務課(きょうむか) 교무과
- □ 提出(ていしゅつ) 제출
- □ 手伝(てつだ)う 돕다, 거들다
- □ 助(たす)かる 도움이 되다
- □ 現住所(げんじゅうしょ) 현주소
- □ 意味(いみ) 의미, 뜻
- □ 花束(はなたば) 꽃다발
- □ コーヒーカップ 커피잔
- □ 辞書(じしょ) 사전
- □ よろ(にんぎょう) 인형
- □ 化粧品(けしょうひん) 화장품
- □ 傘(かさ) 우산
- □ 皿洗(さらあら)い 설거지
- □ 説明(せつめい) 설명
- □ 後輩(こうはい) 후배
- □ 窓(まど) 창, 창문
- □ 開(あ)く 열리다
- □ 開(あ)ける 열다
- □ 財布(さいふ) 지갑
- □ オイル 오일, 기름
- □ 本(ほん)を 返(かえ)す 책을 반납하다(돌려 주다)
- □ 準備(じゅんび) 준비
- □ 会議(かいぎ) 회의
- □ 報告書(ほうこくしょ) 보고서
- □ 先輩(せんぱい) 선배
- □ 昔(むかし) 옛날
- □ 電気(でんき) 전기
- □ 閉(し)まる 닫히다
- □ 並(なら)ぶ 진열되다
- □ 困(こま)る 곤란하다
- □ 忘(わす)じゅ 잊다
- □ ③証人(ほしょうにん) 보증인
- □ 引(ひ)き受(う)ける 떠맡다
- □ 恩返(おんがえ)し 은혜를 갚다
- □ 文書(ぶんしょ) 문서

- □ 図書(としょ) 도서
- □ 専攻(せんこう) 전공

- □ 隣(となり)の人(ひと) 옆 사람
- □ 踏(ふ)む 밟다
- □ どうしたんですか。 무슨 일이에요?
- □ 顔色(かおいろ) 안색
- □ ～に 夢中(むちゅう)だ ～에 열중하다
- □ 徹夜(てつや) 철야, 밤샘
- □ 急(きゅう)に 갑자기
- □ 誘(さそ)われる 권유받다
- □ ウイスキー 위스키
- □ 飲(の)まされる (어쩔수 없이) 마시다
- □ 散々(さんざん) 몹시, 호되게
- □ 文句(もんく) 불평
- □ なるべく 가능한 한
- □ たまに 가끔
- □ 実行(じっこう) 실행
- □ ほめる 칭찬하다
- □ 成績(せいせき) 성적
- □ 建(た)てる 세우다, 짓다
- □ 泥棒(どろぼう) 도둑
- □ セーター 스웨터
- □ 濡(ぬ)れる 젖다
- □ 赤(あか)ちゃん 갓난아기
- □ 宿題(しゅくだい) 숙제
- □ おさない 어리다
- □ ビリヤード 당구, 포켓볼
- □ 最近(さいきん) 최근
- □ アニメ 애니메이션
- □ 野球(やきゅう) 야구
- □ 体(からだ)の 調子(ちょうし) 컨디션, 몸의 상태
- □ 発表(はっぴょう) 발표
- □ 別(わか)れる 헤어지다
- □ 盗(ぬす)む 훔치다
- □ ひく (차, 택시 등이) 치다
- □ 上司(じょうし) 상사
- □ 頼(たの)む 부탁하다

□ ダイエット 다이어트
□ 完全(かんぜん) 완전
□ 安全(あんぜん) 안전
□ 全国(ぜんこく) 전국
□ 全然(ぜんぜん) 전혀

5과

□ 例文(れいぶん) 예문
□ 本文(ほんぶん) 본문
□ 恥(は)ずかしい 부끄럽다, 창피하다
□ 最初(さいしょ) 최초, 처음
□ 習(なら)う 배우다
□ 苦労(くろう) 고생
□ 外国語(がいこくご) 외국어
□ 日記(にっき) 일기
□ ペアに なる 짝이 되다
□ 社長(しゃちょう) 사장
□ 遅(おそ)く 늦게
□ 働(はたら)く 일하다
□ 両親(りょうしん) 부모, 양친
□ お見合(みあ)い 맞선
□ ちゃんと 제대로, 확실히
□ 冬休(ふゆやす)み 겨울방학, 겨울휴가
□ 出張中(しゅっちょうちゅう) 출장중
□ アメリカ 미국, 아메리카
□ 暇(ひま)だ 한가하다
□ ドライブ 드라이브
□ 教材(きょうざい) 교재
□ 運動場(うんどうじょう) 운동장
□ 荷物(にもつ) 짐
□ 遅刻(ちこく) 지각
□ 必(かなら)ず 반드시
□ レポートを 出(だ)す 레포트를 내다
□ 習字(しゅうじ) 습자, 서예
□ 振(ふ)り返(かえ)る 돌아보다
□ 役(やく)に 立(た)つ 도움이 되다
□ 楽園(らくえん) 낙원
□ 動物園(どうぶつえん) 동물원
□ スタイル 스타일

□ 初恋(はつこい) 첫사랑

6과

□ 商事(しょうじ) 상사, 상업에 관한 일
□ 予約(よやく) 예약
□ 利用(りよう) 이용
□ 泊(とま)る 숙박하다, 머물다
□ ツインルーム 트윈룸
□ 承(うけたまわ)る 듣다, 전해듣다
□ 当日(とうじつ) 당일
□ 恐(おそ)らく 아마, 필시
□ チェックイン 체크인
□ 回(まわ)る 돌다, (시간이) 지나다
□ 口(くち) 입
□ 召(め)し上(あ)がる 드시다
□ お目(め)にかかる 만나 뵙다
□ 試合(しあい) 시합
□ ご覧(らん)に なる 보시다
□ 拝見(はいけん)する 보다(見(み)る의 겸양)
□ ご存(ぞん)じだ 아시다
□ どのぐらい 어느 정도
□ はじめて 처음
□ お宅(たく) 댁
□ お邪魔(じゃま)する 방문하다, 폐를 끼치다
□ 奥様(おくさま) 사모님
□ 手料理(てりょうり) 손수 만든 요리
□ 家庭料理(かていりょうり) 가정 요리
□ おっしゃる 말씀하시다
□ つい 그만
□ 普通(ふつう) 보통
□ 通訳(つうやく) 통역
□ 通過(つうか) 통과

7과

□ 今回(こんかい) 이번
□ おかげさまで 덕분에
□ やっと 드디어

□ 出版(しゅっぱん) 출판

□ さっそく 즉시

□ 興味(きょうみ) 흥미

□ 深(ふか)い 깊다

□ 何(なん)と言(い)っても 뭐니뭐니해도, 무엇보다도

□ クライマックス 클라이맥스

□ すばらしい 훌륭하다, 멋지다

□ 評判(ひょうばん) 평판

□ ほっとする 안심하다

□ 乗車(じょうしゃ) 승차

□ 戻(もど)る 돌아오다

□ 案内(あんない) 안내

□ お先(さき)に 먼저

□ 製品(せいひん) 제품

□ かっこいい 멋지다

□ レストラン 레스토랑

□ ～ごろ ~쯤

□ 始(はじ)める 시작하다

□ 小(しょう)テスト 간단한 시험, 쪽지시험

□ 行(おこな)う 행하다, 실시하다

□ 時々(ときどき) 때때로

□ 不満(ふまん) 불만

□ おこづかい 용돈

□ 片想(かたおも)い 짝사랑

동사 활용표 (1)

	기본형	ます形	て形	た形	たり形	たら形	可能形	부정형 (ない形)
방법		u단→i단 +ます	う・つ・る → って・った・ったり・ったら ぬ・む・ぶ → んで・んだ・んだり・んだら く・ぐ → いて(で)・いた(だ)・いた(だ)り・いた(だ)ら す → して・した・したり・したら 行く → 行って・行った・行ったり・行ったら				u단→e단 +る	u단→a단 +ない (단,う로 끝나는 동사 →わ로고침)
1 그룹 동사 (5단동사)	会う	会います	会って	会った	会ったり	会ったら	会える	会わない
	書く	書きます	書いて	書いた	書いたり	書いたら	書ける	書かない
	待つ	待ちます	待って	待った	待ったり	待ったら	待てる	待たない
	死ぬ	死にます	死んで	死んだ	死んだり	死んだら	死ねる	死なない
	遊ぶ	遊びます	遊んで	遊んだ	遊んだり	遊んだら	遊べる	遊ばない
	読む	読みます	読んで	読んだ	読んだり	読んだら	読める	読まない
	話す	話します	話して	話した	話したり	話したら	話せる	話さない
	泳ぐ	泳ぎます	泳いで	泳いだ	泳いだり	泳いだら	泳げる	泳がない
	行く	行きます	行って	行った	行ったり	行ったら	行ける	行かない
	撮る	撮ります	撮って	撮った	撮ったり	撮ったら	撮れる	撮らない
	★帰る	帰ります	帰って	帰った	帰ったり	帰ったら	帰れる	帰らない
방법		る+ます	る+て	る+た	る+たり	る+たら	る+られる	る+ない
2 그룹 동사 上・下 1단	見る	見ます	見て	見た	見たり	見たら	見られる	見ない
	食べる	食べます	食べて	食べた	食べたり	食べたら	食べられる	食べない
	起きる	起きます	起きて	起きた	起きたり	起きたら	起きられる	起きない
	教える	教えます	教えて	教えた	教えたり	教えたら	教えられる	教えない
3 그룹 동사	する	します	して	した	したり	したら	できる	しない
	来る	来ます	来て	来た	来たり	来たら	来られる	来ない

동사 활용표 (2)

	기본형	의지형	가정형	명령형	수동형	사역형	사역수동형
방법		u단→o단 +う	u단→e단 +ば	u단 →e단	u단→a단 +れる (단,う로 끝나는 동사 →わ로고침)	u단→a단 +せる	u단→a단 +せられる
1그룹동사 (5단동사)	会う	会おう	会えば	会え	会われる	会わせる	会わせられる
	書く	書こう	書けば	書け	書かれる	書かせる	書かせられる
	待つ	待とう	待てば	待て	待たれる	待たせる	待たせられる
	死ぬ	死のう	死ねば	死ね	死なれる	死なせる	死なせられる
	遊ぶ	遊ぼう	遊べば	遊べ	遊ばれる	遊ばせる	遊ばせられる
	読む	読もう	読めば	読め	読まれる	読ませる	読ませられる
	話す	話そう	話せば	話せ	話される	話させる	話させられる
	泳ぐ	泳ごう	泳げば	泳げ	泳がれる	泳がせる	泳がせられる
	行く	行こう	行けば	行け	行かれる	行かせる	行かせられる
	撮る	撮ろう	撮れば	撮れ	撮られる	撮らせる	撮らせられる
	帰る	帰ろう	帰れば	帰れ	帰られる	帰らせる	帰らせられる
방법		る+よう	る+れば	る+ろ	る+られる	る+させる	る+させられる
2그룹동사 上·下1단	見る	見よう	見れば	見ろ	見られる	見させる	見させられる
	食べる	食べよう	食べれば	食べろ	食べられる	食べさせる	食べさせられる
	起きる	起きよう	起きれば	起きろ	起きられる	起きさせる	起きさせられる
	教える	教えよう	教えれば	教えろ	教えられる	教えさせる	教えさせられる
3그룹동사	する	しよう	すれば	しろ	される	させる	させられる
	来る	来よう	来れば	こい	来られる	来させる	来させられる

125

주요 조사

助詞	意味	例文	助詞	意味	例文
は	~는(은)	私は 医者です。 나는 의사입니다.	から	~부터	会議は 何時からですか。 회의는 몇 시부터입니까?
も	~도	私も 会社員です。 저도 회사원입니다.	まで	~까지	テストは 2時から 4時までです。 시험은 2시부터 4시까지입니다.
	~이나	ビールを 六本も 飲みました。 맥주를 6병이나 마셨습니다.	へ + 行く・来る・帰る	~에(로)	9時に 家へ 帰ります。 9시에 집에 돌아옵니다.
を	~를(을)	日本語を 勉強します。 일본어를 공부합니다.	ほど (참고)	~만큼 ~정도	まぶしいほど きれいな 彼女。 눈부실만큼 예쁜 그녀.
が	~이(가)	あの 人が 田中さんです。 저 사람이 다나카 씨입니다.		~하면 ~할수록	友達は 多ければ 多いほどいいです。 친구는 많으면 많을수록 좋습니다.
~と	~와(과)	コーヒーと コーラを ください。 커피와 콜라를 주세요.	で	~에서 (장소)	部屋で 音楽を 聞きます。 방에서 음악을 듣습니다.
の	~의	それは 私の 時計です。 그것은 나의 시계입니다.		~로 (수단· 방법· 도구)	バスで 20分ぐらい かかります。(수단) 버스로 20분정도 걸립니다. 日本語で 話します。(방법) 일본어로 이야기합니다. ペンで 書きます。(도구) 펜으로 씁니다.
	~의것	その ペンは 木村さんのです。 그 펜은 기무라 씨의 것입니다			
とか	~라든가	コーラとかミルクとかを 買いました。 콜라라든가 우유 등을 샀습니다.	や	~(이)랑	パンや お菓子を 食べます。 빵이랑 과자를 먹습니다.
に	~에(장소) +존재유무	トイレは どこに ありますか。 화장실은 어디에 있습니까?	など	~등	机の 上に 本や ノートなどが あります。 책상 위에 책이랑 노트 등이 있습니다.
	~에(시간 ·요일)	私は 毎朝 8時に 起きます。 나는 매일 아침 8시에 일어납니다.	だけ	~만 ~뿐	男の 人は 一人だけです。 남자는 한 명뿐입니다.
	~에게 (대상)	友達に メールを 書きます。 친구에게 메일을 씁니다.	しか	~밖에	男の 人は 一人しか いません。 남자는 한 명밖에 없습니다.
より	~보다	木村さんより 背が 高いです。 기무라 씨보다 키가 큽니다.	ずつ	~씩	りんごと なしを 二つずつ ください。 사과와 배를 두 개씩 주세요.

동양b📖ks

www.dongyangbooks.com